| 北 京 市 一 流 专 业 建 设 系 列 成 果 |

[国家社会科学基金青年项目 "金融周期框架下信用扩张的
宏观结构效应与风险防范机制研究"（18CJL029）研究成果]

CHINA'S FINANCIAL CYCLE:
THEORY, MEASUREMENT
AND ANALYSIS

中国的金融周期：
理论、事实与政策分析

袁梦怡 ◎ 著

中国金融出版社

责任编辑：王效端　张菊香

责任校对：张志文

责任印制：丁淮宾

图书在版编目（CIP）数据

中国的金融周期：理论、事实与政策分析/袁梦怡著．—北京：中国金融
出版社，2020.3

ISBN 978 – 7 – 5220 – 0522 – 5

Ⅰ.①中… Ⅱ.①袁… Ⅲ.①金融—经济周期分析—中国 Ⅳ.①F832

中国版本图书馆 CIP 数据核字（2020）第 033542 号

中国的金融周期：理论、事实与政策分析

ZHONGGUO DE JINRONG ZHOUQI: LILUN, SHISHI YU ZHENGCE FENXI

出版
发行　中国金融出版社

社址　北京市丰台区益泽路 2 号
市场开发部　（010）66024766，63805472，63439533（传真）
网上书店　http://www.chinafph.com
　　　　　　（010）66024766，63372837（传真）
读者服务部　（010）66070833，62568380
邮编　100071
经销　新华书店
印刷　保利达印务有限公司
尺寸　169 毫米 ×239 毫米
印张　13.5
字数　211 千
版次　2020 年 3 月第 1 版
印次　2020 年 3 月第 1 次印刷
定价　49.00 元
ISBN 978 – 7 – 5220 – 0522 – 5
如出现印装错误本社负责调换　联系电话(010)63263947
编辑部邮箱：jiaocaiyibu@126.com

序　言

波澜壮阔的改革开放改变了中国，也影响了世界。在四十年改革开放的伟大历程中，金融作为实体经济的血脉，实现了从大一统的计划金融体制到现代金融体系的"凤凰涅槃"。我国也初步建成了与国际先进标准接轨、与我国经济社会实际契合的中国特色社会主义金融发展路径。

经过四十年努力，我们不断改革完善金融服务实体经济的理论体系和实践路径：持续优化完善传统信贷市场，为服务实体企业改革发展持续注入金融活水；建立健全以股票、债券等金融工具为代表的资本市场，保持实体企业直接融资渠道畅通，增强其可持续发展能力；推动低效产能有序退出市场、临时困难但前景良好的企业平稳渡过难关、优质企业科学稳健发展，鼎力支撑我国企业从无到有、从小到大、从弱到强，逐步从低端加工制造向高附加值迈进。

经过四十年努力，我们基本构建了以人民为中心的居民家庭金融服务模式。不仅借鉴西方现代金融实践，支持家庭部门熨平收入波动，实现跨期消费效用最大化，而且充分利用我国银行业分支机构延伸到乡镇、互联网全面覆盖到村落等良好基础设施，逐步实现基础金融服务不出村，促使我国普惠金融走在了世界前列。同时，积极构建与精准扶贫相配套的金融服务体系，发挥金融在扶贫攻坚中优化资源配置的杠杆作用，为人民实现美好生活提供金融动力。

经过四十年努力，我们探索了从国民经济循环流转大局增强金融和财政合力的有效方式。在改革开放过程中，我们不断优化财政支持与金融服务的配套机制，运用金融工具缓解财政资金使用碎片化问题和解决财政资金跨期配置问题，增进财政政策促进经济结构调整和金融政策促进经济总量优化的协调性，持续提升国民经济宏观调控能力和水平，既避免金融抑制阻碍发展，又防止过度金融风险集聚。

2008 年，美国次贷危机引发的国际金融危机引发了人们对金融理论和金融实践的深刻反思。金融理论是否滞后于金融实践，缺乏对金融实践有效的指引？金融实践是否已过度复杂化，致使金融风险难以识别、度量和分散？近年来，随着互联网、大数据、人工智能、区块链等技术的出现，科技发展在极大提高金融业服务之效的同时，也对传统金融业造成了冲击。金融业态正在发生重大变化，金融风险出现新的特征。在新的背景下，如何处理金融改革、发展、创新与风险监管的关系，如何守住不发生系统性金融风险的底线，已经成为世界性重大课题。在以习近平同志为核心的党中央坚强领导下，我国进入中国特色社会主义新时代。在这个伟大的时代，对上述方面进行理论创新和实践探索的任务非常艰巨，使命非常光荣。为完成这一伟大历史使命，需要建设好一流金融学科和金融专业，大规模培养高素质金融人才，形成能力素质和知识结构与时代要求相匹配的金融人才队伍。北京正在建设"政治中心、文化中心、国际交往中心、科技创新中心"，加强金融学科建设和金融人才培养正当其时。

欣闻首都经济贸易大学金融学成功入选北京市一流专业，正在组织出版"北京市一流专业建设系列成果"，这在打造高素质金融人才培养基地上迈出了重要步伐，将对我国金融学科和金融专业的建设起到积极的推动作用，为促进我国金融高质量发展并建成现代金融体系作出应有贡献，为实现伟大复兴中国梦提供有益助力。

尚福林

摘　要

　　20 世纪 80 年代开始的金融自由化进程，拓展了金融业务种类，推动了金融产品创新。不断膨胀的金融规模与日益深化的金融发展，导致金融市场与实体经济的周期性波动逐渐脱钩分化。2008 年国际金融危机的爆发，不仅结束了实体经济的"大稳健"（Great Moderation）时代，还导致全球主要经济体深陷"长期增长停滞"（Secular Stagnation）。而在危机之前，新古典综合学派的真实经济周期理论对金融系统的循环周期缺乏足够重视，从而无法对系统性金融危机发出及时的预警信号。基于对危机的深刻反思，以微观风险偏好与宏观金融约束为研究对象的金融周期理论应运而生。正确认识和有效管理"金融周期"，是宏观研究前沿理论与我国金融改革实践的有机结合。国际金融危机经验表明，过度自由化会导致金融市场与实体经济脱钩分化。"信用约束"与"风险偏好"之间的交互放大作用，将引发金融系统产生自我增强的顺周期波动，形成金融周期（Borio，2012）。那么，金融周期是如何形成的？金融周期究竟具有怎样的运行机制与传导渠道？这些是本书需要首先从理论层面明确回答的问题。

　　与此同时，后危机时代，在金融周期机制作用下，信用扩张对我国宏观经济的结构效应日益凸显。一方面，为应对危机，我国广义信贷规模大幅扩张，造成资产泡沫、杠杆高企与债务积压等问题，致使我国金融风险显著上升；另一方面，在经过上一轮"高信用密集度"支撑的增长期后，我国实体经济现已进入"下行清算期"。资产泡沫与实体减速并存的"新常态"现状，对我国宏观经济的长效发展提出了前所未有的挑战。那么，中国的金融周期有哪些具体特点与现实含义？中国的金融周期与经济周期是否存在显著差异？如果存在，差异背后的深层成因又是什么？既然论及宏观稳定，那么货币因素在金融周期与经济周期当中又扮演了怎样的角色？金融周期与金融波动又会对我国金融稳定有何影响？监管当局应该采取哪些政策管理金融周期以防范系统性风险？上述问题对新常态下中国经济增长与金融稳定的协调发展，都具有重要的理论研究价值与现实思考意义。因此，这些都是本书所致力解答的问题。

第一，本书遵循"概念界定—运行机制—传导渠道"的逻辑脉络，从理论层面，完整论述了金融周期理论的核心机理。金融周期的具体概念是"价值风险偏好"与"金融融资约束"二者自我增强的交互作用，这种作用会显著放大宏观经济的波动幅度。在界定金融周期概念的基础上，本书将微观个体的风险偏好嫁接到宏观经济学经典的一般均衡模型，并通过区分金融周期正常运行阶段、金融周期波峰（过度繁荣期）和金融周期波谷（深度衰退期）三种不同环境下信贷供求双方的主导地位，有机结合了凯恩斯主义的需求决定论与新古典宏观经济学派的供给决定论，成功避免了"卢卡斯批判"，全面剖析了金融周期各个阶段内的运行机制。通过对金融周期运行机制的梳理分析，本书发现，商业银行作为金融周期中联结信用供给与价值偏好的核心中枢，对金融周期的波动具有放大传导的作用。进而，本书通过对商业银行风险偏好及其逐利行为的拟合建模，阐释了商业银行在金融周期中的过度风险承担机理。模型的拟合分析表明，对高收益的追逐意愿（Search for Yield），导致商业银行在金融周期繁荣阶段内的风险偏好明显提升，对高风险资产的青睐程度显著增强，这造成商业银行主动承担了繁荣期内金融系统的过度风险。

第二，本书在理论分析基础上，系统测算了中期低频范围内的中国金融周期，详尽阐述了中国金融周期的典型特征，全面解读了中国金融周期的现实含义。单因素滤波分解与一致性指数分析的结果表明，信贷总量、信贷/GDP与房地产价格是度量我国金融周期的理想变量。主成分分析法的测算结果显示，中国在2004年至2008年处于"脆弱性繁荣"的金融周期上行阶段，在2009年至今处于"前期刺激政策消化期"的金融周期下行阶段。此外，中国金融周期波峰与"输入型"金融冲击的发生时间相吻合。这表明，金融周期波峰可以作为我国金融风险的预警指标，对繁荣背后的金融失衡具有重要警示意义。

第三，本书在中国金融周期度量结果基础上，基于构建完整理论研究框架的目的，进一步从实体经济与金融稳定两方面考察了金融周期对我国宏观经济的结构效应。基于货币数量方程，本书以货币创造与货币流向作为主要线索，通过纳入货币信用创造理论（Monetary Theory of Credit）的动态随机一般均衡（DSGE）模型，深入剖析了中国金融周期与经济周期差异的内在成因。研究表明，传统宏观经济学中的货币乘数理论，并不适用于现代金融体系，在信用货币的派生链条中，商业银行发放的每一笔贷款都能派生出等额存款，在扩张资产负债表的同时，实现对货币的创造。因此，商业银行的信贷供给意愿与信用供给流向是造成我国金融周期与经济周期背离的主要原因。

第四，本书利用二元离散选择（Probit）模型，通过对全球主要经济体面板数据的回归分析，归纳总结了金融周期对金融稳定的一般性影响规律。实证研究发现，当金融周期处于正常运行阶段，一国爆发金融危机的可能性较低，金融周期对一国金融系统的稳定性存在积极作用；而当金融周期运行至波峰或波谷附近时，金融危机爆发的概率显著增加，过度繁荣或深度衰退对一国金融系统的稳定性都具有明显的负面效应。在此基础上，本书通过对中日两国金融周期与金融稳定的比较研究发现，货币政策导向、融资可得性与市场预期是金融周期维护我国宏观金融稳定的主要作用渠道。

第五，本书从金融加速器、金融自由化与金融周期三层递进维度，全面论述了金融系统内在脆弱性的根源，并利用动态随机一般均衡（DSGE）模型全面考察了宏观审慎政策对于中国金融体系的必要性。结果表明，我国宏观审慎工具与货币政策工具呈现显著的互补关系，宏观审慎政策能够在一定程度上抑制单一货币政策的顺周期效应，缓解金融资源错配所引发的结构性失衡问题，有助于维护我国金融体系的稳定运行。因此，为保证我国宏观金融的长效稳定，中国政府应当重视金融市场的波动变化，警惕资产价格泡沫背后的系统性金融风险，尽快构建和完善全方位多层次的金融监管框架。

党的十九大报告明确指出，要增强金融服务实体经济能力，守住不发生系统性金融风险的底线。因此，以金融周期作为分析框架，剖析信用扩张的利弊影响，探究金融风险的防范机制，建立"供给与需求""金融与实体"相结合的宏观体系图景，将为推动供给侧结构性改革，改善新时代金融结构，促进我国经济由"外延式扩张"向"内涵式发展"迈进，提供重要参考。

目　录

第一部分　引　言

第四部分　金融周期与宏观经济政策

第五部分　结　论

第一部分

引　言

第一章

研究背景与研究意义

1.1 选题的背景

宏观经济主流学派的演进历史表明，危机与衰退，往往是触发宏观经济周期理论更迭的导火索。20 世纪 30 年代的大萧条，诞生了凯恩斯主义的经济周期理论。20 世纪 70 年代的石油危机与滞胀现象，成就了新古典综合学派的真实经济周期理论（Real Business Cycle）。而 2008 年的国际金融危机与后危机时代的"长期增长停滞"（Secular Stagnation），又催生出金融周期理论（Financial Business Cycle）。但事实上，造成景气理论改变的并不是危机与衰退，周期研究范式变革的根源在于宏观经济中的金融发展与金融深化。

因此，在论述金融周期理论之前，本书有必要先回顾一下国际金融危机之前由真实经济周期理论主宰的"大稳健"（Great Moderation）时代。简而言之，那是一个"金融成就一切乌托邦"①的年代。起始于 20 世纪 80 年代的金融自由

---

① 此话最早出自拉古拉迈·拉詹与路易吉·津加莱斯的《从资本家手中拯救资本主义》，后逐渐被西方经济学家广泛运用于评述国际金融危机之前的金融自由化发展期。

化改革，在经过短短三十年的发展之后，已经使金融规模远远超过了实体经济，发达经济体私人部门信贷与 GDP 之比，从 20 世纪 80 年代的 70% 上升至国际金融危机爆发之前的 160%。监管放松与金融创新极大地推动了全球金融的深化程度。然而，金融体系的规模增长与深化发展，却并没有引起真实经济周期理论的任何警觉。因为坚持货币纯中性的新古典宏观经济学家相信，破坏宏观经济稳定的冲击只可能来源于外生的实体因素，而高增长与低通胀的缓和环境却表明，货币与金融的扩张非但不会产生任何负面影响，反而还有助于提升实体经济的配置效率。

然而，事实真的如表象一般美好吗？由 2007 年美国次贷危机所引发的一场国际金融危机，在瞬间就吞噬了"大稳健"时代所积累的发展成果。不仅如此，危机之后，全球主要经济体普遍陷入"未完成衰退"（Unfinished Recessions）[①]，经济增长长期停滞，复苏之路遥遥无期。危机的蔓延与加剧，促使宏观经济学家开始反思真实经济周期理论失效的原因。金融与货币的神秘面纱被逐渐揭开，金融系统的内在脆弱性与商业银行的货币信用创造理论（Monetary Theory of Credit）重回大众视野。

一方面，"大稳健"时期的金融自由化降低了非金融部门的融资约束，为资产价格与风险偏好之间的交互增强作用提供了便利的传导渠道，从而造成了金融系统的非理性波动，即所谓的"金融不稳定"（Minsky，1982）。而金融系统的这种不稳定性是内生于宏观经济活动的，因此，它并非是真实经济周期理论所信奉的均衡常态。另一方面，国际金融危机之前，真实经济周期理论并没有对商业银行的信用创造行为给予足够的重视。新古典学派坚持银行的金融中介理论（Financial Intermediation Theory of Banking），认为银行作为普通金融中介，其职能只是传递在经济社会中的信用资源，银行本身并不具备创造信用的功能。因此，银行资产负债表的变化只能完全依赖于实体经济的变化。但事实却并非如此。在"大稳健"时代，作为危机的罪魁祸首，银行资产负债表的扩张速度远远超过了实体经济的增长速度。事实上，在现代信用货币的派生链条中，商业银行在接受中央银行提供的基础货币之后，能够通过发放贷款派生出等额存

---

① 具体概念参见 Borio（2014）。

款，从而创造出新的信用与货币，这也就是商业银行的货币信用创造理论（Schumpeter，1954）。

基于对上述内容的归纳总结，Borio（2014）正式提出了金融周期的概念。他主张重新回到 Schumpeter（1954）货币经济的范畴讨论宏观经济的属性，将金融周期定义为"价值风险偏好"与"金融融资约束"二者间自我加强的交互作用。同时，这种交互作用会放大宏观经济波动，甚至可能导致严重的金融困境和经济失调。如果政策当局没有意识到风险偏好、信贷约束与资产价格联动作用对宏观经济的重要影响，忽视了金融周期比经济周期持续时间更长、波幅更大的特征，就有可能仅遏制了短期衰退，却忽略了持续积累的金融失衡，未受抑制的金融繁荣会带来更大的经济衰退。

受国际金融危机影响，我国经济实际增长率从危机前的 15.0% 下滑至危机后的 8.2%[①]，而同期信贷增长率却从 16.5% 上升到 34.4%。此后，扩张性的经济刺激政策助推了我国的房价泡沫，影子银行的兴起增加了总体信贷投放，但实体经济下行压力却仍在持续。新常态下，我国宏观经济特征已然呈现出明显的变革趋势，增速换挡导致传统增长目标的重要性相对下降。但与此同时，目前中国又正处于前期刺激政策的消化期，利用供给侧结构性改革，处理之前累积的债务负担，避免"去杠杆"过程中的风险传染与风险暴露，降低经济结构转型时期中国金融市场的波动幅度，促进我国金融系统的长期稳定发展，已经成为我国政府当前的主要工作任务。

因此，基于短期实体增速视角的真实经济周期理论，显然已经无法化解我国积累多年的深层结构失调问题。而着眼于中长期视角的金融周期理论，则为正确认识我国长期经济增长与宏观金融稳定的协调关系提供了新的研究思路。本书旨在构建一个综合考虑宏观与微观、金融与实体的分析框架，在理论剖析金融周期运行机制的基础上，结合中国金融周期的事实证据，全面解读中国金融周期的现实含义。同时，虽然本书研究命题的核心为金融周期，但本书的最终立足点在于"宏观金融稳定"。既然涉及"宏观"，本书就不能仅局限于单一的金融因素，货币与实体同样是本书研究理论框架内所涵盖的要素。通过探究

---

① 危机之前的数据为 2007 年第二季度，危机之后的数据为 2009 年第二季度。

货币"从哪里来""到哪里去"，本书深入剖析了中国金融市场与实体经济的背离成因，有效阐释了金融周期对我国宏观金融稳定的影响作用，从而为中国宏观经济政策的制定提供了扎实的事实依据与客观的理论基础。

1.2 选题的意义

随着全球金融自由化程度的不断提升，金融市场的周期性波动幅度明显加剧，金融系统的内在脆弱性逐渐暴露，系统性金融危机的发生概率显著增加。2008年国际金融危机之前，以真实经济周期为基础的宏观经济学研究，并没有对繁荣表象背后不断累积的金融失衡产生足够的警觉，从而造成对金融危机的失察。2008年国际金融危机之后，金融市场开始反思滥用金融工具对金融稳定性的影响，而经济学家则提出了基于内生冲击的金融经济周期理论。伴随着中国金融市场化改革的不断推进，中国的金融周期特征也越发凸显，高企的信贷规模与膨胀的房价泡沫，都是我国金融体系内部的潜在风险。因此，剖析中国金融周期运行机制，探究金融周期对中国宏观金融稳定的影响作用，这对于新常态下中国金融体系的稳定运行具有重要的理论和现实意义。

第一，本书在界定金融周期概念与特征的基础上，利用一般均衡模型深入剖析了金融周期的内在运行机制，据此系统测算了中国的金融周期，全面解读了中国金融周期的现实含义。

随着真实经济周期理论在国际金融危机之后逐渐退出历史舞台，金融周期理论正式成为后危机时代宏观经济研究的主导范式。金融周期是微观经济个体的"价值风险偏好"与宏观经济环境的"金融融资约束"二者交互增强作用的结果。事实上，在金融周期理论之前，金融不稳定论（Minsky，1982）与金融加速器理论（Bernanke and Gertler，1989）也都曾探讨过金融系统的内在脆弱性。然而，金融周期理论的创新之处在于，它正式将微观因素嫁接入宏观金融理论。而这也正是本书研究金融周期内在运行机制的理论意义。现有文献在讨论金融周期时，往往局限于对金融周期表面特征的分析，但这并不足以使金融周期研究具有重要的理论价值。而本书则是在界定金融周期概念的基础上，以微观主体风险偏好作为探索金融周期传导机理的切入视角，通过构建一般均衡模型，有效揭示了金融周期各个阶段的内在运行机制，实现了理论意义的突破与创新。

此外，本书探讨金融周期的意义，并不仅仅在于金融周期的理论演进。更是因为，随着全球金融一体化的发展，金融自由化浪潮同样也席卷我国，我国金融体系的市场化程度也在逐步提升，金融周期特征在我国的表现也日趋显著。Claessens 等（2012）的研究表明，新兴经济体中金融周期的波动性甚至超越了发达经济体。同时，受输入型冲击影响，金融因素也已经逐步成为我国宏观经济波动的主要诱因。因此，研究中国的金融周期，对于探讨我国的宏观金融稳定问题同样具有重要的现实意义。

第二，本书从资产负债表的复式记账法出发，厘清现代金融体系下商业银行货币创造机理与信用派生机制，通过追踪货币"从哪里来"与"到哪里去"，从货币的供求两端，全面剖析了中国金融市场与实体经济背离现象的内在成因，从而完善了宏观金融理论的研究框架。

尽管本书的主体研究脉络是基于金融周期理论研究中国宏观金融稳定问题，但既然涉及"宏观"，本书就不能仅重视实体或金融的其中一方，而回避另一方。这就相当于重蹈覆辙，与真实经济周期理论犯了相同的错误。事实上，如若我国想要实现宏观经济的长期均衡发展，实体与金融就不能跛脚茕行。因此，本书在研究中国金融周期的篇幅中，单独用一章探讨了中国金融周期（金融市场）与经济周期（实体经济）的区别与联系，并在此基础上，利用动态随机一般均衡（DSGE）模型，深入剖析了二者特征差异背后的内在成因。这对于完善本书金融周期与宏观金融稳定理论框架，具有重要的补充意义。

而为了分析金融周期与经济周期的差异成因，本书选择以货币作为切入视角。这是因为，在现代宏观经济学中，货币数量方程 $MV = PY$，仍然是联结金融与实体最经典的理论框架。而围绕货币，本书需要进一步厘清货币"从哪里来"与"到哪里去"。"从哪里来"是从货币供给端解释货币的创造源头与派生机制，而"到哪里去"则是从货币需求端分析货币究竟流入了实体经济还是金融市场。显然，追踪信用货币从供给到需求的脉络，本书能够深入挖掘金融与实体的背离成因，完善对金融周期与宏观金融理论框架的构建。

第三，本书探究了金融周期对一国宏观金融稳定的客观规律，论述了宏观审慎监管对一国宏观金融稳定的必要性，基于金融周期的中长期视角，对我国宏观金融稳定的长效发展提出了政策建议。

后危机时代下，中国宏观经济对外正经受着全球经济一体化与金融自由化浪潮的侵袭，跨境资本流动带来了输入型金融冲击，增加了我国感染系统性金融风险的概率，使我国金融系统难以独善其身、维持长期稳定。对内我国经济则处于"增长速度换挡期、结构调整阵痛期与前期刺激政策消化期"三期叠加的特殊阶段。实体下行压力与房地产价格泡沫并存的现状，导致目前我国政府长期面临经济增长与金融稳定的两难选择。因此，在当前应对实体经济增速降缓、加快经济结构改革步伐的关键时刻，摒弃传统失效理论，总结金融周期与金融稳定的客观规律，探究宏观审慎监管对中国宏观金融稳定的必要性，构建符合时代特征的宏观分析框架，对转型期内中国经济的均衡协调发展尤为重要。

与此同时，金融周期的中长期发展视角，对于认识我国经济增长的可持续性，防范金融危机，以及制定宏观审慎监管政策等具有重要意义。如果我国政策当局没有意识到金融繁荣背后所持续积累的失衡风险，未受抑制的金融繁荣很可能会引发严重的经济衰退。因此，审慎的货币政策和财政政策需要同时关注金融波动，在金融繁荣期建立缓冲，在金融崩溃期稳定金融体系，防止存量问题演变成持续而严重的流量问题。

第二章

研究思路与分析框架

2.1 研究思路

金融周期理论是连贯本书的研究脉络，商业银行对金融波动的传导与放大作用则是本书研究的逻辑基础。在金融周期理论中，商业银行并不仅仅是一个传递信用资源的普通金融中介。一方面，商业银行具备独立的价值预期与风险偏好。如果银行对未来资产价格存在上涨预期，其风险偏好程度上升，信贷供给意愿增强，就会造成过度放贷。另一方面，在现代信用货币的派生链条中，商业银行能够通过发放贷款派生出等额存款，从而实现货币的信用创造。那么，由商业银行资产价格上涨预期所引发的信用供给，就不仅仅是扩张了自身的资产负债表，更会直接向宏观经济中注入新的货币。而这些信用货币在金融市场与实体经济之间的流动会造成金融周期与经济周期出现背离，进而引发金融体系的剧烈波动，破坏金融系统的均衡稳定。

本书的研究目的，是基于中国金融周期的概念与特征，探究金融周期的运行机制与传导渠道，描述中国金融周期的客观事实，剖析中国金融周期与经济周期特征差异背后的深层原因，归纳金融周期对金融稳定的影响规律，分析宏观审慎监管对金融稳定的促进作用，从而以金融周期的中长期研究视角，为我国宏观经济的协调发展提供理论基础和政策建议。

本书行文逻辑遵循"从一般到具体，从理论到实证"的研究范式。鉴于此，本书首先从理论上界定了金融周期的概念与特征，利用一般均衡模型深入剖析了金融周期的内在运行机制与传导渠道。并着重分析了作为金融周期核心传导中枢，商业银行在金融周期中的过度风险承担机理，从而为本书后续研究提供了扎实的理论基础。基于对金融周期理论的梳理与分析，本书提出了基于金融周期视角的中国宏观金融稳定研究之命题。

然后，本书从历史维度系统测算了中国的金融周期，从现实维度全面解读了中国金融周期的具体含义，为之后中国金融周期与经济周期理论的比较分析提供了基本的事实证据。

在此基础上，本书进一步从实体经济与金融稳定两个层面探讨了金融周期对我国宏观经济的影响作用。其一，本书基于货币数量方程，通过梳理信用货币"从哪里来"与"到哪里去"，深入剖析中国金融周期与经济周期特征差异背后的深层成因。根据资产负债表的复式记账法，在现代信用货币的派生链条中，中央银行只负责向商业银行提供初始的基础货币，而之后信用货币的派生与创造，均是通过商业银行的放贷行为完成的。而商业银行所创造出的信用货币，会经由微观经济主体风险偏好的传导，实现在金融市场与实体经济之间的流动，从而造成金融周期与经济周期出现差异与背离。基于上述过程的繁复性，本书将通过构建纳入金融摩擦（Financial Friction）的动态随机一般均衡（DSGE）模型，进行全方位多角度的论证分析。其二，本书探讨了金融周期对我国宏观金融稳定的影响。在总结实证经验，归纳金融周期对一国宏观金融稳定一般性影响规律的基础上，本书将通过对中日两国金融周期与金融稳定的比较分析，具体考察金融周期对一国宏观金融稳定的作用机制，从而论述宏观审慎监管政策对中国宏观金融稳定的重要意义。

最后，本书将金融周期的测算结果与理论分析结论，应用于我国宏观经济政策的分析之中，提出了新常态下中国实体经济增长与宏观金融稳定协调发展的政策建议。

2.2 分析框架

根据上述研究思路，本书的主体研究内容可分为三个部分。第一部分基于金融周期的概念与特征，阐释了金融周期的内在运行机制，测算了中国金融周期，解读了中国金融周期的现实含义。第二部分从实体经济与金融稳定两个层面，深入剖析了金融周期对我国宏观经济的影响机理。首先，本书以货币信用创造理论为切入视角，深入剖析了中国金融周期与经济周期的差异成因；其次，本书在归纳金融周期对金融稳定一般性影响规律的基础上，具体论证了宏观审慎监管政策对中国宏观金融稳定的必要性。第三部分则在金融周期的框架下，本书将实际测算结果与理论分析结论进一步运用于我国宏观经济政策组合效应的模拟分析之中，力图为改善新时代金融结构，促进我国经济由"外延式扩张"向"内涵式发展"迈进提供相应参考。

全书的框架结构安排如下（见图2.1）：

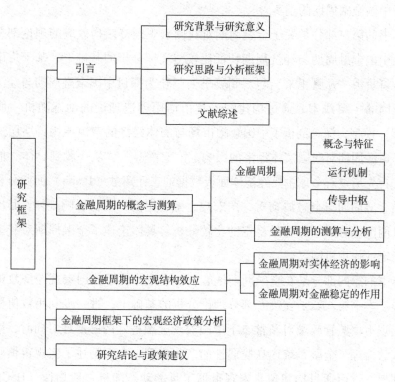

图 2.1　本书框架图

第一部分是本书的引言。第一章与第二章主要对全书的研究背景、研究意义、研究思路与分析框架进行了介绍。第三章为书中所涉及参考文献的系列综述，分别从金融周期理论、金融稳定概念与宏观审慎监管政策等方面，对全书所涉及的研究领域进行了文献梳理。

本书的第二部分是对金融周期的概念阐述与实际测算。第四章界定了本书的研究核心——金融周期的具体概念，并从五个方面全面总结了金融周期的基本特征。利用一般均衡模型，搭建了分析金融周期运行机制的理论框架。在理论框架的基础上，通过对商业银行风险偏好与逐利行为的建模分析，具体论证了金融周期中商业银行过度风险承担的原因与机理。第四章是全书主要研究内容的行文起点，为后文研究奠定了理论基础。第五章在第四章的理论基础上，度量与分析了中国的金融周期。通过单因素滤波分解与一致性指数的协同性分析，选取出用于测算中国金融周期的理想指标，利用主成分分析法，降维合成了中国金融周期的度量结果。进而具体分析了中国金融周期的典型特征，全面阐述了中国金融周期的现实含义。

本书的第三部分是关于金融周期对我国宏观经济结构效应的理论剖析。第六章在中国金融周期与经济周期特征比较与实证分析的基础上，基于货币数量等式，将货币"从哪里来"与"到哪里去"作为探讨中国金融周期与经济周期差异成因的主要线索，通过构建纳入货币信用创造理论的动态随机一般均衡（DSGE）模型，深入剖析了中国金融市场与实体经济的背离原因，层层递进地探讨了金融周期对我国实体经济的影响。第七章遵循"从一般到具体"的研究逻辑，首先通过对全球主要经济体面板数据的二元离散（Probit）回归分析，归纳总结金融周期与金融波动对一国宏观金融稳定的一般性影响规律。其次，基于中日两国金融周期与金融稳定的比较分析，具体论述了金融周期对我国宏观金融稳定的作用机制。

本书的第四部分是在金融周期框架下，模拟分析了我国宏观经济政策的组合效应。本书第八章是在第三部分理论分析的基础上，进一步利用数值模拟论证了宏观审慎监管政策对新常态下中国宏观金融稳定的必要性。同时，第四部分还细致梳理了金融系统内在脆弱性的产生机理，全面阐述了宏观审慎政策的监管框架，进而通过构建包含宏观审慎工具的动态随机一般均衡（DSGE）模型，具体分析了新常态下中国宏观审慎监管政策与货币政策配合的有效性。

　　第五部分是全书的主要结论与政策建议。在全面总结前四部分研究结论的基础上，第五部分紧密联系目前我国经济结构转型阶段的新常态特征，基于金融周期理论的中长期研究视角，为我国宏观经济的可持续发展与金融系统的长效稳定提出了相应的政策建议。

文献综述

3.1　金融周期的文献综述

3.1.1　周期理论的溯源与发展

对于金融与经济周期理论的起源，最早可以追溯至 20 世纪 30 年代大萧条时期。欧文·费雪的理论认为，债务和通缩之间具有交相作用的关系，会刺激彼此产生螺旋上升的作用效果，而资产价格下跌和债务规模膨胀，既是经济衰退的因，又是果（Fisher，1933）。这一理论就是著名的"债务—通缩"理论。事实上，这一阶段学术界对于金融周期理论的研究仍然停留在经济周期层面，彼时的金融周期理论实质上是现代经济周期理论。

大萧条之后的大半个世纪，学术界对于周期理论的认知较为统一，凯恩斯主义理论一度被认为是金融和经济周期领域的主流研究范式（周炎和陈昆亭，2014）。

直到 20 世纪 70 年代石油危机爆发，凯恩斯主义理论风光不再，实际金融周期（Real Business Cycle，RBC）理论逐渐步入金融和经济研究方法的主流行列。

这一阶段学术界开始将目光逐渐转向金融周期与宏观经济之间的相互作用，主流经济学家如 Tobin（1975）、Minsky（1975）、Bernanke（1983）、Bernanke 和 Gertler（1989）等纷纷对此进行了研究与论述。

20 世纪 90 年代的亚洲金融危机席卷全球，2008 年开始的国际金融危机再次造成全球范围内的宏观经济与金融体系波动。这一时期的危机发生频率与波及范围越来越大，促使学术界传统宏观经济学研究领域的学者们开始反思主流金融与经济学研究理论与研究方法，金融经济周期、宏观经济政策等焦点问题逐渐成为学术界争论的热点（Borio，2014）。此时，以 Borio（2014）为代表的研究真正开辟了现阶段学术界所定义的"金融研究"理论先河。

3.1.2　金融周期理论的研究进展

从理论研究和实证研究两个方面对金融周期理论的研究进展进行梳理后发现，学术界对于金融周期的研究几乎总是与经济周期相联系的。

从理论研究来看，金融周期的理论框架主要可以分为两大类：金融加速器（Financial Accelerator）理论和银行信贷周期理论。伯南克是金融加速器理论研究的开创者和代表人物之一。Bernanke 和 Gertler（1989）在研究中将企业获得贷款的途径考虑在内，构造宏观经济模型将信贷市场均衡纳入分析框架，此即为著名的金融加速器模型。由于金融加速器模型的机制是从企业融资角度来考察金融周期的机制，因此这一机制也被称为"资产负债表路径"。随后，Bernanke等（1999）在这一基础上进行了研究拓展，在新凯恩斯标准动态模型框架内，将金融加速器的作用机制引入，即考虑信贷市场中金融摩擦的影响，建立了 BGG 模型（Bernanke，Gertler and Gilchfist Model）。由于 BGG 模型理论框架严谨，兼容性较好，为很多后续金融周期模型奠定了良好基础。此外，Christiano等（2010）在研究中提出了"费雪通缩效应"机制，他们认为，当经济冲击造成价格水平上升时，由于企业债务通常按照名义项来计算，则其实际债务负担将会下降，企业融资条件将会得到改善。此时如果产出与价格水平同向变动，则金融加速器效应将会和传统的费雪效应相互加强，反之则二者相互抵消。这一作用机制在传播机理上与"资产负债表路径"相一致，因此同样属于广义上的金融加速器机制。金融周期的第二类理论研究框架为银行信贷周期理论。Kiyotaki 和 Moore（1997）在 Bernanke 和 Gertler（1989）研究的基础之上，提出了金融冲击会影响银行等金融中介的资产负债表，引起信贷规模收缩，进而通过总供给和总需求的均衡机制影响实体经济。这种通过银行体系传导金融冲击来影响宏观经济的影响机制，被称为"银行信贷渠道"（Christensen and Dib，2008）。Minsky（2015）则认为，银行等金融中介具有信用创造的能力，因此在金融繁盛的时期银行信贷扩张导致了金融衰退的最终到来，即银行信贷为金融的周期性危机埋下了隐患。

从实证研究来看，2008 年国际金融危机之后，学术界对金融周期与宏观经济波动、信贷周期、金融稳定等热点内容均进行了深入而细致的探讨。Mendoza 和 Terrones（2008）针对新兴市场经济体和发达经济体的宏微观数据与信贷膨胀之间的规律进行了探索，研究结果表明，金融信贷的扩张对于宏微观经济波动影响较大，且在新兴市场经济体中尤为明显。Schularick 和 Taylor（2009）在研究中指出，信贷的迅速扩张是金融危机的明显信号之一，暗示金融危机的发生与货币政策当局忽视信用扩张、放任信贷过度膨胀不无关系。Drehmann 等（2011）的研究表明，拐点和频率的滤波值可以用来判断金融周期，他们认为金融周期和商业周期同处于收缩周期时，后者的衰退程度更为明显。Claessens 等（2011）通过对信贷、房地产价格和股票市场价格三类金融资产的波动判定来识别金融周期。经过对 1960—2007 年 21 个发达经济体的数据进行分析，他们发现三类金融周期指标不仅在经济体内的联动性逐渐增强，在不同国家之间的周期同步性也保持不断上升的趋势。随后，Claessens 等（2012）扩大数据样本区间，通过对同一时期 44 个国家的历史数据进行分析，认为经济周期与金融周期二者之间存在显著的联动关系。Calderon 和 Kubota（2012）进一步扩大样本数据，选取 71 个国家 1975—2010 年的历史数据进行研究，结果表明，私人部门资本流入可以作为信贷扩张的指示性指标，同时也可以作为金融危机酝酿阶段的预测指标之一。Borio 等（2013）在研究中指出，可以通过判断金融周期的阶段来获取关于经济总产出更为准确的信息。Bruno 和 Shin（2013）在以往的时间序列数据基础之上，进一步采取了面板数据分析方法，对 46 个国家的历史数据进行了模拟分析，结果表明在金融周期的全球蔓延过程中，银行部门的资本流动贡献度较高，而且全球性的因素要比本国要素更为显著。Bezemer 等（2014）同样使

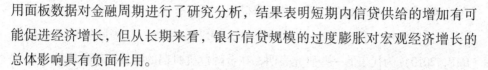

用面板数据对金融周期进行了研究分析，结果表明短期内信贷供给的增加有可能促进经济增长，但从长期来看，银行信贷规模的过度膨胀对宏观经济增长的总体影响具有负面作用。

近几年，国内学者同样也在金融周期的理论与实证研究方面取得了显著成果。如马勇等（2009）使用跨国数据对信贷扩张和金融监管在全球金融周期中的作用机制进行了考察，研究结果表明，信贷周期与金融危机之间具有显著联系，信贷膨胀、资产价格以及金融监管的顺周期性是多数金融危机背后存在的共同因素。邓创和徐曼（2014）通过对国际金融危机期间我国的表现进行实证研究，得出我国金融周期波动先行于宏观经济波动这一结论，此外，他们还指出我国的金融周期具有非对称性，扩张周期较长，收缩周期较短。陈雨露等（2016）使用面板数据对1981—2012年全球68个主要经济体的历史数据进行了实证分析，结果表明金融周期对于经济波动和金融稳定均具有显著影响，相对稳定的金融周期有助于宏观经济增长与金融体系稳定。

3.1.3　金融周期对传统宏观经济政策的挑战

不少学者的研究结论均证实，金融周期与经济周期具有相互叠加、相互促进的联动关系。传统意义上的宏观经济政策对于经济增长、通货膨胀、产出水平等指标关注更多，而对于信贷规模、资产价格等金融周期指标则较少提及，因此，传统的宏观经济政策不可避免地将受到金融周期所带来的挑战（张晓晶和王宇，2016）。

Minsky（2008）借鉴了费雪与凯恩斯的理论并进行了进一步拓展，他认为金融不稳定的表现符合费雪在"债务—通缩"理论中描述的情况，而宏观经济所采取的政策建议则应当参照凯恩斯理论，即政府在金融周期过程中应该扮演逆周期调控的角色。Bech等（2012）对1960年后发达经济体发生的73次金融危机进行了研究，发现只有在正常状态下宽松的货币政策与经济上行之间在统计指标上关联性较高，而在金融危机时期二者并无显著联系。Koo（2011）在此基础上进一步指出，长期的宽松货币政策可能会对经济产生负面效应，但受限于金融危机时期可选择的应对手段，货币当局通过宽松的货币政策试图修复资产负债表的做法是为数不多的可用政策工具之一。此外，还有一部分学者认为，金融危机期间受波及经济体的边际支出倾向很低，而只有当边际支出倾向高企时财政政策才会起作用（Eggertsson and Krugman，2012）。因此，以国际货币基金组织（IMF，2010）为代表的一些研究表明，在金融危机时期的财政政策可能比常态时期表现更差。同期的研究中，Leigh 等（2012）等学者认为可以通过挽救坏账部门、修复私人部门的资产负债表等方式，使经济体脱离资产负债表衰退。

Borio（2011）认为，传统的货币政策将通货膨胀目标放置于显著位置，极易造成经济体的货币环境宽松，此时货币政策当局应采取紧缩性策略，将政策利率维持在满足泰勒规则的水平之上，将繁荣时期可能孕育的金融体系脆弱性全盘考虑在内。此外，也有部分学者在研究中指出，当繁荣时期信贷膨胀、资产价格飙升时，财政收入也会相应被高估，造成政府债务与经济总产出的比例下降，甚至还可能出现虚假的财政盈余（Benetrix and Lane，2011；Price and Dang，2011）。这些表象会掩盖宏观经济中暗藏的金融脆弱性风险，当经济体的宏观经济与金融体系由盛转衰时，这些高楼背后的阴影就会暴露于阳光之下。

鉴于金融周期在不同阶段时宏观经济政策的效用各不相同，张晓晶和王宇（2016）将之概括为：金融周期繁荣阶段，宏观经济政策容易导致资产价格飙升，放大经济泡沫，造成金融衰退时期负面作用更加严重；金融周期衰退阶段，宏观经济政策改善金融环境的作用又十分有限，因此，需要改进并提出更有针对性的宏观审慎政策来预防和应对潜在金融危机可能带来的巨大冲击。

3.2 金融稳定的文献综述

3.2.1 金融稳定的概念与内涵

金融稳定（Financial Stability）这一概念提出伊始就受到了国内外理论界与实务界学者们的广泛重视，纷纷对其展开了深入广泛的研究。目前，学术界对于金融稳定的研究已取得了显著的成果，但由于研究机构和学者所处的研究背景、研究环境与研究论点各不相同，对于金融稳定的概念，学术界并未达成较为统一、准确、严格的定义。因此，本书对学术界关于金融稳定的相关文献进行梳理之后，将之整理归类为两方面内容：一方面，有学者从描述金融体系的职能、防范金融系统的风险等角度对金融稳定的内涵进行界定；另一方面，也有学者通过描述金融稳定的反面——金融不稳定，以金融脆弱性理论、金融不稳定理论等为依托，总结这些理论在金融领域造成的负面影响，进而将其对立面定义为金融稳定。

（一）金融体系的职能与防范金融系统风险的角度

1998 年，瑞典中央银行率先发布了《金融稳定报告》，开启了金融稳定的研究历程。瑞典中央银行认为货币当局必须通过出台约束性的法律法规，对金融体系进行有效监管，并设立危机处理预案，以此来确保整个金融体系安全、高效、平稳运行。Duisenberg（2001）进一步指出，金融稳定的内涵为确保整个金融体系中的重要组成部分在经济金融发展过程中得以平稳运行。随后，Wellink（2002）对这一定义进行了延伸和扩展，他认为金融稳定是指整个金融体系可以充分吸收存款、发放贷款，保证体系内存贷机制运行稳定，金融资源可以得到合理配置，与此同时还应确保在经济金融体系受到外部冲击时保持稳固，避免发生大规模的经济波动。类似地，不少机构或学者将金融稳定描述为金融体系可以有效发挥其职能并正常运转的状态，如德国中央银行（2003）将金融稳定描述为在经济金融体系平稳运行时，可以确保资源合理分配、风险有效分担、结算支付正常；当经济金融体系受到外部冲击和压力时，可以保持经济环境和金融结构稳定，维持经济金融体系正常运转。Padoa-Schioppa（2003）同样将金融稳定描述为金融市场及其组成部门、监管部门保持有效运行的状态，在发生经济金融冲击时可以有效抵御风险，合理应对冲击，平复经济波动，确保金融体系处于正常运转轨道。Large（2003）则认为，金融体系可能会受到来自外部冲击或内部因素的威胁，而金融稳定可以简单描述为维持金融体系稳定的信心与决心。Houben 等（2004）定义的金融稳定，指的是金融体系可以进行资源合理配置、风险有效抵御、危机妥善处理的稳定状态。Schinasi（2004）在此基础之上进一步扩展了这一定义，其将金融稳定定义为金融体系可以在任何状态下促进宏观经济有效发展、防范经济金融系统风险、消除经济冲击负面影响等可能导致金融失衡的不利因素——这样一个稳定状态。

（二）金融脆弱性理论与金融不稳定理论对立面的角度

除上述定义外，还有部分学者从金融脆弱性与金融不稳定性出发对金融稳定的含义进行了阐述。Bernanke 和 Gertler（1996）最先通过金融不稳定性理论对金融稳定作出了解释，他们认为金融不稳定状态包括金融危机、金融脆弱性等对经济金融造成负面影响的状态，在这样的负面状态之下，一国的经济和金融体系很容易发生危机，而金融稳定则表明该国金融体系不存在这样的负面状态。同样地，Crockett（1997）也认为金融稳定就是金融体系不存在不稳定的状态。他同时还指出，一国处于金融不稳定状态时，国内金融资产的价格将会出现剧烈波动，金融机构将无法严格按照合同约定履行义务，宏观经济将受到较为严重的负面冲击；如若一国的金融市场不处于上述状态之中，则该国的金融是稳定的。Mishkin（1999）进一步详细分析了金融不稳定对金融市场造成的影响，他认为金融市场的稳定性主要会受到市场参与者的预期效应影响。由于存在信息不对称，金融市场的参与者对市场预期的调整可能会导致大规模的投机活动，造成市场内短期金融资产价格剧烈波动，金融体系的正常职能会随之受到影响，无法进行资源合理配置、防范金融风险，造成社会福利损失，而此时的状态即为金融不稳定状态。Ferguson（2003）则对金融不稳定进行了定义，他认为凡是对经济活动造成负面影响的因素，如外部性、市场失灵等，都应该归结为金融不稳定因素，这些因素一方面造成了金融市场上资产价格的波动偏离稳态，影响金融市场有效性；另一方面也对一国的经济发展、生产力水平造成了不利的负面影响。Chant（2003）对于金融不稳定性的定义采用了与 Crockett（1997）类似的方式，他认为金融不稳定性一方面会通过金融市场资产价格的波动，造成银行体系存贷机制有效性丧失；另一方面，还会造成金融体系的运转脱离均衡状态，对经济各部门的财务状况带来负面冲击，影响生产者、消费者以及政府部门的金融状况。

（三）我国对于金融稳定的概念界定

中国人民银行在 2015 年首次公开发布了《中国金融稳定报告（2015）》，并在报告中对金融稳定进行了明确的界定。报告中将金融稳定界定为一种状态，特指金融体系关键功能处于有效的状态。在此状态时，一国的宏观经济可以健康平稳运行，货币当局的货币政策和财政政策保持有效，金融市场资源能够得到合理配置，宏观经济和金融环境持续改善，金融体系没有发生系统性风险的可能，金融体系具备良好的抗压能力，即在经济遭受外部负面冲击时，依然可以保持金融体系连续平稳运行。由此可以看出，我国政府定义的金融稳定，实质上是指对宏观经济和金融市场的平稳性、抗风险性的要求。

3.2.2　金融稳定的测度与评估

由于金融稳定的界定方法不同、影响因素较多，对金融稳定水平的测度与评估成为一项复杂而艰巨的任务。国际货币基金组织（IMF）于 2001 年开始编制金融稳定性指标（Financial Soundness Indicators，FSIs），并于 2003 年公布该指标的编制方法与应用途径。FSIs 是目前在学术界应用范围较广的金融稳定水平评价标准。除此之外，学术界对于金融稳定性的测度主要可以划分为宏观测度和微观测度两类。

（一）金融稳定指标的宏观测度

上文提到的 FSIs 即为从宏观角度测度金融稳定的典型代表之一。除此之外，Kaminsky 等（1997）提出的 KLR 信号分析模型也是应用较为广泛的从宏观层面测度金融稳定的指标。Kaminsky（1999）对上述模型进行了完善，KLR 信号分析模型首先从货币危机的原因开始分析，选取可用于测度货币危机的变量，对其进行历史数据拟合，并从中筛选出关联关系较为显著的变量，将其作为代表货币危机的先行性指标，最后利用所选取的指标进行测算，对货币危机进行预测和测量，并将其视为代表金融稳定程度的反向指标。Frydl（1999）、Eichengreen 和 Arteta（2000）使用单一指数构建指标的方式对金融体系的风险和危机进行了测度，并指出由于受到金融部门数据准确性因素的限制，这一方法提供的测度结果参考价值有限。Van den End 和 Tabbae（2005）则利用宏观金融风险模型（Macrofinancial Risk Model，MfRisk）构建衡量金融稳定的指标。这一测度方法创新性地以银行体系、保险机构和养老金部门的看跌期权（Put Options）为基础，通过对金融系统中各市场参与者违约风险和违约概率的衡量来计算潜在损失，以此来作为金融稳定的替代指标。Maliszewski（2009）使用了跨学科的分类学分析方法来构建金融稳定指数，并将构建后的指数度量权重与已有文献中的权重界定方法进行比较，结果相似，因此他认为金融稳定指数测度过程中，变量的选择才是核心内容。

（二）金融稳定指标的微观测度

对于金融稳定性的微观角度研究，Lehar（2005）最先提出了基于股票价格和股票市场指数的评估体系，以此来从金融风险角度对金融稳定性进行评估与测度。除了金融市场之外，Segoviano 和 Goodhart（2009）从银行体系的角度对金融稳定性进行了分析和测度，他们将一国银行体系内的危机、风险及其银行之间的相互关联性综合考虑，将银行体系定义为数家银行的组合，测定了整个组合的多变量密度（BSMD），并依此作为金融稳定的测度结果。Albulescu（2010）同样基于银行业数据构造了金融稳定测度指数，并使用罗马尼亚1996—2008年的历史数据筛选后选取了20个指标，来衡量金融体系中的银行业稳定水平，并基于此构建了综合金融稳定水平的指示性指标。Kibritcioglu（2002）同样针对银行体系进行了指标构建，通过方差权重法合成的方式计算得出了银行部门的脆弱性指数。此外，Morris（2010）提出的 AFSI 指标同样是基于银行部门的金融稳定测度指标，该指标可以为一国的政策制定者提供动态模拟预测出的银行部门稳定性结果，为政策当局的决策抉择提供参考。

（三）国内学者在金融指标测度方面的研究进展

国内学者也对金融稳定的测度方法进行了广泛而深入的研究。其中，沈中华（2000）最早通过不良贷款率和资本充足率构建指标进行测算，对金融体系脆弱性进行了研究。王明华和黎志成（2005）建立了涵盖几十个影响因素的经济指数来描述一国经济的总体水平，并以此作为依据来评价该国的金融稳定水平。钟伟等（2006）测算了中国的金融稳定水平，测算结果显示，影响中国金融体系稳定性的因素主要归结为我国金融体系制度的落后和效率的低下。还有部分国内学者使用主成分分析法对我国金融稳定情况进行了测度。霍德明和刘思甸（2009）从宏观经济和金融指标中选取了20个代表性指标，使用主成分分析（PCA）法构建了测算我国金融稳定水平的指标体系，并进行了实证检验。检验结果表明，该指数测算结果与我国经济金融实际运行情况拟合程度较为一致，指标的峰谷值均可以与我国金融不稳定时期相匹配。何德旭和娄峰（2012）同样采取了主成分分析法，通过对我国金融机构、金融市场以及经济外部冲击的代表性指标进行加权计算，构建了测算我国金融体系稳定性的综合指标，实证检验表明该指标与我国实际金融体系运行状况拟合程度良好。此外，王雪峰

（2010）还创新性地以宏观经济中总供给与总需求为基础，通过 Kalman 滤波法和状态空间模型法相结合，构建了测度我国金融稳定水平的指数。万光彩等（2013）则在 Goodhart 和 Hofmann（2001）的基础之上，将向量自回归（VAR）模型构建指标的方法应用于国内金融市场，从而构建了代表我国金融稳定状况的指标，并将其应用于我国货币政策的研究当中。

3.3 宏观审慎监管的文献综述

3.3.1 金融稳定与宏观审慎

金融稳定与宏观审慎之间存在着密切联系。Crockett（1998）指出，金融稳定建立在通过多种方式增强金融体系稳定性与市场发展健全性的基础之上，金融稳定发展与宏观审慎监管二者之间相辅相成，缺一不可。随后，Crockett（2000）在研究中再次强调，宏观审慎监管的目标定义是维护金融稳定，降低危机成本，确保整个金融体系保持平稳、健康运转。类似地，Mishkin（2001）认为，行之有效的宏观审慎监管政策可以减少储蓄者和银行之间的信息不对称，有效降低逆向选择和道德风险的发生，进而促进金融稳定；反之，如果宏观审慎监管无效，则会对宏观经济和金融体系的稳定带来不利影响。国际清算银行（BIS，2001）认为，宏观审慎监管是从系统性风险的角度对金融体系进行风险监测，目的在于维护金融稳定。Powell（2001）、Chant（2003）等在研究中指出，一国维护金融稳定的措施包括危机预防政策、危机管理政策、遏制性政策以及纠正性政策，而宏观审慎监管则属于危机预防政策其中之一。Borio（2003）在研究中将宏观审慎监管作为维护金融稳定和预防系统性风险的主要途径之一。Oosterloo 和 Haan（2004）同样认为，一国中央银行会通过多种政策工具来维持金融稳定，主要包括预防性政策工具和应对性政策工具，而宏观审慎监管是典型的预防性政策工具之一。鉴于此，越来越多的国家将加强宏观审慎监管作为弥补货币政策目标缺陷、维护金融稳定的方式之一，宏观审慎监管逐渐成为政策制定者的共识（FSA，2009；IMF，2009）。BIS（2010）同样明确指出，行之有效的宏观审慎监管与货币政策工具，其作用能够彼此促进、相互增强，进而对金融体系的稳定性产生有益影响。马勇（2014）认为，在经过了 2008 年国际金融危机的冲击之后，学术界和政策制定者越来越重视宏观审慎监管，对于传统货币政策工具的转型和宏观审慎监管工具的应用，逐渐成为维护金融稳定的重要研究领域之一。

3.3.2　宏观审慎监管的理论基础

宏观审慎监管这一概念由来已久，国际清算银行（BIS）早在 20 世纪 70 年代就曾在一次内部回忆中提出，仅仅通过增强对单个金融机构的监管是无法确保整体金融稳定的，或者说仅将监管注意力放在维持单个金融机构的平稳运行上，往往容易忽视更重要的目标：维持整个金融体系的稳定性（Clement，2010）。20 世纪 80 年代，"宏观审慎监管"（Macro Prudential Regulation）这一名词正式出现在了 BIS（1986）的公开文件中。但时值宏观经济与金融全球化刚刚步入起步阶段，系统性风险的多发之地仍然集中于银行体系内，因此，对银行体系实施微观审慎监管，基本就可以确保整个金融体系保持稳定，所谓的宏观审慎监管在当时并未吸引学术界多少目光。随着亚洲金融危机的爆发，各经济体和其他国际组织意识到了宏观审慎监管的重要性，此后这一概念开始进入人们视野（Borio，2003；Knight，2006）。

Crockett（2000）将宏观审慎监管与微观审慎监管进行了区分，认为二者的主要差别在于监管目标和经济功能上，而非监管工具。同时，他还将宏观审慎监管划分为两个维度：一个是时间维度，即在宏观审慎监管过程中考虑金融周期的影响；另一个是跨部门横截面维度，即考虑同一时点不同金融机构根据其在金融体系中的角色所对应的不同监管安排。Borio（2003）基于 Crockett（2000）的研究成果，对宏观审慎监管的两个维度进行了进一步解释和说明。他认为，跨部门横截面维度上系统性风险主要是由于传染机制（Contagion Mechanisms）造成的，并通过市场参与者的放大机制（Amplification Mechanisms）扩大影响。而系统性风险在时间维度上的体现，主要归咎于金融体系内部的积累，并通过实体经济与金融市场之间的相互作用放大。随后，Borio（2006）又通过总结宏观审慎监管在实践方面的经验，对其提出的两个维度进行了验证。经验表明，在时间维度上，巴塞尔协议Ⅱ的制定降低了内部评级方式中风险权重函数的斜率，中国香港、韩国、泰国等国家和地区引入了贷款价值比率（Loan-to-Value，LTV），而在跨部门横截面维度上，瑞士针对金融体系中的系统重要性机构采取了更严格的监管措施。

2008 年开始的国际金融危机，在全球范围内造成了深远影响，引起了学术界对于金融危机成因与宏观审慎监管的深入探讨，对宏观审慎监管的重视达到了前所未有的程度（李妍，2009）。不少学者开始尝试将银行部门纳入理论模型中进行研究，如 Aslam 和 Santoro（2008）、Van den Heuvel（2008）以及 Meh 和 Moran（2008）等，纷纷将金融中介引入动态随机一般均衡（Dynamic Stochastic General Equilibrium，DSGE）模型中，研究银行体系中的信贷、利差、权益资本等因素对于宏观经济的冲击和金融稳定的影响。Curdia 和 Woodford（2009）将信贷摩擦引入了 DSGE 模型，并在此框架下模拟分析了兼顾信贷利差（Credit Spreads）影响的货币政策规则，分析结果表明宏观经济的稳定性与兼顾信贷利差的货币政策之间并无显著关联，但考虑通胀目标和产出缺口目标的货币政策稳健性较高。Kannan 等（2009）针对逆周期宏观审慎进行了模拟分析，将耐用消费品（如房地产等）纳入家庭效用函数当中，检验这一前提下的货币政策执行效果。研究结果表明，当货币政策能够对造成信贷扩张、资产价格攀升等影响的因素迅速作出反应时，可以有助于提升宏观经济与金融的稳定性。此外，也有一些学者发出了不同的声音。目前学术界对于宏观审慎监管的理解较为宽泛，对于其核心内涵与应用，以及其在货币政策实践中的效果方面的理解，已经出现了一些偏差（Clement，2010）。

3.3.3 宏观审慎监管工具的有效性及应用

从实践经验来看，目前各国已将学术界的研究成果广泛应用于宏观审慎政策工具操作中，用于应对金融部门的系统性风险（IMF，2011）。这些工具主要包括三大类：第一类为与信贷相关的宏观审慎政策工具，例如设置财务收入（Debt-to-Income，DTI）比率上限、贷款价值比率（LTV）上限等；第二类为与资本相关的宏观审慎政策工具，如对利润分配进行限制、设置动态拨备等；第三类是与流动性相关的宏观审慎政策工具，如设置准备金要求、限制净外汇头寸敞口（Net Open Position in Foreign Currency，NOP）等（IMF，2011）。

Claessens等（2013）的研究认为，发达国家和新兴市场国家由于经济和金融环境的差异，优先采用的宏观审慎政策工具也各不相同，其中发达国家倾向于有限使用动态拨备工具，由此可以印证，发达国家比新兴市场国家更重视金融杠杆的影响及去杠杆过程所带来的金融风险。Galati 和 Moessner（2013）在其实证研究中指出，宏观审慎政策工具虽然早在 2007 年次贷危机之前就已出现，但只有在危机真正发生之后，宏观审慎的重要性才会引起足够重视，学术界对其内涵、概念，尤其是与宏观经济和金融体系之间的关系理解较为欠缺，对于宏观审慎政策工具的实践研究在一定程度上仍然有所欠缺。

近年来，学术界纷纷投入精力对宏观审慎工具的有效性进行了深入的探索与研究。Lim（2011）利用跨国宏观经济面板数据，对众多宏观审慎工具的有效性进行了验证，如 LTV 上限、DTI 上限、准备金要求、动态拨备设置、逆周期资本充足率要求等，结果表明上述众多宏观审慎工具均可以有效降低系统性风险的发生频率。类似地，IMF（2012）同样采用了跨国面板的分析方法，对信贷增长、资本流动、房地产价格三方面的宏观审慎工具效果进行了探究，结果证明宏观审慎政策工具可以有效降低金融脆弱性。此外，Claessens 等（2013）并未采用跨国面板的宏观分析框架，而是通过 48 个国家金融机构（银行）的微观数据，分析宏观审慎政策工具对于银行杠杆率、非核心与核心负债率等因素的影响。研究结果表明，LTV 上限、DTI 上限、外汇借款限制等宏观审慎工具，在经济处于繁荣时期效果较为显著，动态拨备、存款准备金等逆周期宏观审慎工具则有助于减轻银行杠杆率。宏观审慎工具在经济周期的上行阶段作用要优于下行阶段。Lim（2011）、IMF（2011，2012）的研究认为，以金砖国家为代表的新兴市场经济体将准备金工具用于宏观审慎监管，目标在于保持金融稳定。Montoro 和 Moreno（2011）、Tovar 等（2012）在此基础上进行了拓展，通过拉美国家的实证经验表明，准备金工具在稳定一国资本流动、平抑银行顺周期信贷方面是积极有效的。国内学者张健华和贾彦东（2012）认为，现有研究偏向于跨国情景下的经验研究，对于单个国家的针对性分析较少，而不同国家的不同金融特征，会直接影响宏观审慎工具选择和应用的有效性。梁琪和李政（2015）使用我国微观银行业数据，通过系统 GMM 方法对可变 LTV 上限、动态存款准备金两大宏观审慎工具在我国的应用进行了探究，研究结果表明宏观审慎政策工具在我国的调控是有效的。

第二部分

金融周期的概念与测算

第四章

金融周期的基本概念与运行机制

4.1 金融周期的具体含义与典型特征

4.1.1 金融周期的具体含义

金融周期（Financial Cycle）这一概念，是伴随着经济学家对"金融脆弱性"（Minsky，1982）的反思而诞生的。2008 年国际金融危机的爆发，使经济学家逐渐意识到，传统的真实商业周期（Real Business Cycle，RBC）理论已经无法拟合当前全球金融自由化的发展趋势。事实上，发达经济体数次金融危机的历史经验早已表明，金融市场与实体经济的波动周期是不完全同步的。1990 年的日本和 2007 年的美国就在产出高速增长、通货膨胀保持平稳的情况下，遭遇了大规模的金融市场崩盘。严重的信贷收缩和资产价格缩水造成实体经济也步入长期衰退。然而，以真实经济周期为基础的宏观经济研究理论，并没有对微观经济体的风险认知水平以及资本市场的资产价格循环变化产生足够的重视。因此，RBC 理论难以合理解释一国金融体系的周期性波动现象。国际清算银行

（Bank for International Settlements，BIS）在其 2016 年的报告（86th Annual Report）中指出，真实经济周期理论因忽视经济活动中的金融摩擦，已经无法描述金融危机之后全球经济的低增长现象。

国际金融危机之后，基于对全球发达经济体在后危机时代普遍存在的"长期增长停滞"（Secular Stagnation）现象的思考，Borio（2014）正式提出了金融周期（Financial Cycle）的概念。他主张应重回 Schumpeter（1954）的货币经济范畴，讨论宏观经济的货币与金融属性。因此，Borio（2014）对金融周期的定义为价值风险偏好（Risk Attitude）[①] 与金融融资约束（Financing Constraint）二者间自我增强的交互作用。而这种交互作用会放大宏观经济的波动幅度，甚至可能会引发严重的金融困境和经济失衡。在金融周期的不同阶段，投资者的风险偏好程度并不相同。金融约束宽松期内，经济中的流动性供应充沛，投资者风险偏好显著增加；而一旦金融市场中的资产价格泡沫破灭，金融约束严重收缩，就会造成经济衰退急剧恶化。Borio（2014）还同时指出，正如图 4.1 对美国金融周期与经济周期的对比结果所示，一国的金融周期具有较强的内生性，它与经济周期的波动并不完全一致，一个金融周期内往往会包含多个经济周期。

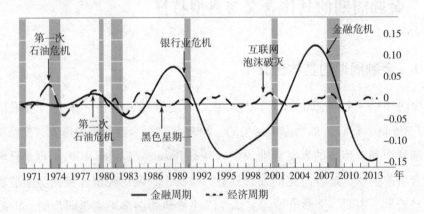

图 4.1　美国金融周期与经济周期的对比结果

（资料来源：国际清算银行（BIS）与作者测算）

---

① 这里的"风险偏好"概念，在很多文献中也常用"风险认知"（Risk Perceptions）一词替换，二者的含义是相同的。

（一）金融周期的属性含义

20 世纪 70 年代之前，货币非中性论的凯恩斯主义经济周期理论一直占据宏观经济周期研究的主导地位。但随之而来的两次石油危机使凯恩斯主义受到卢卡斯批判（Lucas，1976）的质疑。20 世纪 80 年代之后，主张货币中性论的新古典真实经济周期理论，取代了凯恩斯周期理论，成为宏观周期理论的主要研究范式（Nelson and Plosser，1982；Kydland and Prescott，1982）。真实经济周期理论认为，货币供应量的变化只会引起物价水平的波动，但不会传导至实体经济。然而国际金融危机的爆发，正式宣告新古典 RBC 理论坚持的货币中性主义彻底失效。因此，Borio（2014）在探讨金融周期的属性时指出，宏观周期理论研究应当重回 Schumpeter（1954）的货币经济范畴。金融系统的内在脆弱性，导致金融市场并非是完全有效的。过去数十年间，随着全球的金融自由化与金融深化，宏观经济三大核心要素中，金融因素与货币因素对一国经济冲击的作用已经逐渐超越实体因素，成为引发波动与危机的主要根源（Borio，2014）。20 世纪 80 年代的拉美债务危机、90 年代的亚洲金融危机，以及 2008 年由美国次贷危机引发的大规模国际金融危机，它们都迫使政策当局开始反思金融与经济的相互作用，同时也启发经济学家开始重新认识宏观经济的金融与货币属性。

根据 Borio（2014）的定义，金融周期强调的是风险偏好与金融约束之间的相互影响，而金融约束又进一步体现为信用供给与资产价格的交互增强作用。显然，银行在这一过程中的作用，已经不仅仅是"金融加速器"理论中的一个简单传导工具（Bernanke and Gertler，1989）。Schumpeter（1954）所提出的货币信用创造理论，能够赋予银行通过贷款创造存款并产生名义购买力这一更为重要的功能。因此，银行的风险偏好，以及银行对未来盈利能力的预期都会通过信用创造对金融约束产生冲击，从而在金融市场与宏观经济系统中形成周期性波动。而这是金融周期理论与真实经济周期理论在本质属性上的最大区别。在此基础上，金融周期理论可以通过分析银行资产负债表变动对宏观经济的影响，研究过度信贷扩张和资产价格泡沫对宏观经济造成的危害，从而为宏观审慎政策提供了新的理论基础，弥补了传统周期理论研究忽视银行系统的缺陷。

（二）金融周期的结构含义

金融周期对一国宏观经济的结构影响可分为经济增长与金融稳定两个维度。首先，金融周期对一国经济增长的影响，不仅体现在总产出数量的增长波动上，还体现在对潜在经济增速与产出缺口的影响上。前者的表现是直观的，金融体系中信用约束的变动，会影响居民与企业的投资成本，从而引起经济体投资规模改变，造成经济产出的波动。对于后者，本书也可以理解为这是金融周期对经济增长的结构性调整。为厘清这个问题，本书有必要界定非通胀产出与潜在产出之间的区别。传统宏观经济周期理论普遍认为，非通胀产出就等同于潜在产出（Woodford，2003）。但事实却并非如此。2007 年次贷危机爆发前夕，美国的核心通货膨胀率一直维持在稳定的较低水平，然而资本市场的崩盘却带来了美国经济产出的大幅下滑。这是因为，危机前长期累积的金融超调，掩盖了实体经济的扭曲失衡，虽然通货膨胀能够保持稳定，但产出却无法持续。因此，金融周期理论认为，金融市场的周期性波动对潜在产出具有重要的结构性影响（Borio，2014）。另一方面，金融危机强制过剩产能出清，压低了产出缺口，逐步引导实际产出进入稳定的可持续增长路径。显然，除去通胀水平的变动以外，金融市场的周期性行为也会对潜在经济增长产生冲击。

其次，金融周期对宏观金融稳定的影响，则主要通过信用货币与资产价格的交互效应体现。凯恩斯主义的周期理论虽然秉持货币非中性观点，但其主张的货币派生机制为乘数理论，货币创造的源头为储蓄存款。新古典真实经济周期理论则坚守货币中性观点，认为银行与其他金融中介不存在本质区别，因此货币不存在所谓的派生机制。而金融周期理论则根据商业银行对信用货币的复式记账法与存贷差等典型事实，否定了传统周期理论的观点，主张信用货币内生性观点，认为信用货币的派生源头在于银行信贷。[①] 与此同时，国际货币基金组织和英格兰银行的研究表明，货币信用创造理论对当前主要经济体实际信用波动的拟合效果最好（Benes et al.，2014；Jakab and Kumhof，2015）。显然，信用货币金融周期理论中，对宏观经济存在极强的结构性扩张效应。具体而言，根据金融周期的货币创造理论，资产价格上涨，导致抵押资产价值增加，银行

---

① 对于信用货币的创造机制与渠道，本书将在第六章 6.2 节进一步完整阐述。

对信用供给的风险偏好上升。而在货币内生派生机制下，银行的每一笔贷款都会创造出等额存款，造成经济体的货币供给飙升，进一步推动资产价格泡沫膨胀，显然超额信贷扩张将会对宏观金融稳定造成极大的负面影响。

4.1.2　金融周期的典型特征

在深入研究金融周期与分析其运行机制之前，有必要了解与掌握金融周期的主要特征。根据现有文献的经验总结，本书归纳出金融周期以下五个典型特征：

第一，金融周期（Financial Cycle）的长度与波幅均大于经济周期（Business Cycle）。首先，对于周期长度而言，Drehmann 等（2012）与 Borio（2014）等研究结果表明，全球主要发达经济体与新兴市场经济体的经济周期长度一般属于短周期范围，普遍在 1~8 年。而如图 4.2 所示，各主要经济体的金融周期长度则属于中长期范围，其中发达经济体的周期长度普遍会超过 15 年。[①] 而二者长度的差异表明，金融周期通常可以跨越多个经济周期。其次，对于周期波动幅度而言，根据图 4.1 美国经济周期与金融周期的对比结果可以发现，由金融因素合成的金融周期的波动幅度要远远大于以实际总产出为代表的经济周期。这意味着，金融因素波动时，与稳态的偏离值较大，金融系统具有明显的"顺周期性"（Adrian and Shin，2010）。因此，金融周期导致一国资源错配的持续恶化。具体而言，由于金融周期的周期长度更长、波动幅度更大，因此一国金融系统的高涨低落，将带动一国金融资源的剧烈波动，从而不可避免地造成经济体的资源错配。且一旦资源错配已经产生，除非通过危机强制出清，否则错配程度只会加剧，而不会自我清除。例如在金融周期的繁荣阶段内，信贷扩张，资产价格上涨，受风险偏好增强影响，资本和劳动力的资源会持续从实体经济向金融市场转移，造成经济体资源错配持续恶化。BIS（2016）的研究表明，金融周期繁荣阶段内，因资本过于集中而产生的资源错配现象是难以扭转的，这

---

① 一般而言，宏观经济周期可分为短周期、中周期、中长周期与长周期四类。其中短周期又称基钦周期，一般长度在 8 年以下；中周期又称朱格拉周期，长度一般为 9~10 年；中长周期又称库兹涅茨周期，一般长度在 10~25 年；长周期又称康德拉季耶夫周期，长度一般 50~60 年。

会严重阻碍强制出清之后的经济复苏。

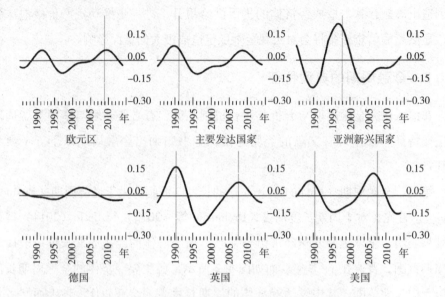

图4.2 全球主要经济体的金融周期测算结果

（资料来源：国际清算银行（BIS）与作者测算）

第二，金融周期通常可以由信贷与房地产价格进行简单的合成描述。基于金融周期长度等基本特征，本书发现，用于合成描述一国金融周期的经济变量，需要同时包含数量型指标与价格型指标。同时，这两类合成指标还须是由低频成分主导，不能存在诸如股票价格与市场利率等高频噪声，并且二者的低频波动成分还需要能够在中长期内保持稳定的同步相关性。理论上，信贷与房地产价格是描述金融约束与价值风险交互作用的最小变量集，这二者能够刻画金融周期的核心特征；实践方面，Claessens 等（2011）、Dell'Arriccia 等（2012）与 Drehmann（2012）等的研究结果也同样表明，信贷与资产价格是合成一国金融周期最简洁的测度指标。

第三，金融周期的波峰之后，通常会爆发金融危机，其中大多为系统性银行危机（Systemic Banking Crises），即所谓"崩溃前的繁荣"。根据图4.3对英美两国金融周期与金融危机的经验比较可以看出，20世纪70年代之后，美国遭遇的两次重大金融危机几乎完全与美国的金融周期波峰重合，而英国的三次金融危机也同样发生在其金融周期波峰附近。波峰与危机重合的原因，本书认为这是危机之前金融失衡过度累积的结果。以 2007 年美国次贷危机为例，在危机爆发之前，金融的高度自由化，使美国可以利用资产证券化等手段设计出各种复杂的次贷产品，活跃的信贷市场造成美国的房地产价格泡沫持续膨胀，形成了掩盖危机的虚假繁荣。然而，一旦泡沫破灭，多米诺骨牌效应必将到顶峰之后的金融周期拖入长期的深度衰退。因此，依据金融周期与金融危机二者间的紧密联系，政策当局可以监测本国是否存在系统性风险的过度积累以及本国是否陷入资源错配的金融困境。

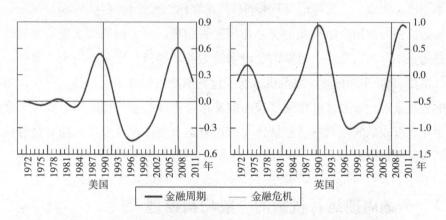

图 4.3 英美两国金融周期波峰与金融危机发生时间的比较

（资料来源：国际清算银行（BIS）与作者测算）

第四，一国金融周期的波动幅度与周期长度并非静止固定的，而是动态变化的，二者会随一国宏观环境和政策框架的变化而改变。如图 4.2 所示，20 世纪 80 年代之后，发达经济体的金融周期长度与幅度均呈现出明显的放大趋势。根据 Drehmann 等（2012）的测算，在 20 世纪 80 年代之前，发达经济体金融周期的平均长度为 11 年，而之后则达到 20 年左右。在发达经济体金融自由化的改革过程中，其货币政策框架率先发生重大变化：货币当局的政策工具由数量型调整为价格型，政策目标也逐渐转变为单一的物价稳定。这导致其宏观经济系统中的融资约束和监管力度被极大放松，造成金融周期形状出现变化。与此同时，根据图 4.3，在 20 世纪 80 年代之后，发达经济体遭遇的金融危机次数也明显增加，且金融危机对其宏观经济的破坏力度越发明显，这也体现了金融自由化对一国金融系统稳定性的负面影响。

第五，不同经济体的金融周期在横向时间维度上具有同质性特征，在纵向截面维度上具有异质性特征。对于时间维度的同质性特征，Rey（2013）提出的全球金融周期（Global Financial Cycle）现象表明，一国金融周期的组成成分往往具有全球性驱动因素。例如，风险偏好会通过风险溢价渠道对跨境流动性产生影响，进而传导至各国的融资约束，造成金融周期的波动。而随着全球金融一体化的快速发展，金融周期的这种外部性影响因素越发明显，汇率波动甚至将无法抵挡跨境信贷对一国货币政策独立性的侵蚀作用，传统蒙代尔三角中的汇率锚已经失效，三元悖论（Trilemma）正在向二元悖论（Dilemma）演变，全球金融周期与本国金融周期的交互作用越发明显。而纵向截面维度的异质性特征是指，不同国家在同一时期内金融系统的波动剧烈程度是不完全一致的。例如，虽然2008年的国际金融危机席卷了世界范围内的各个经济体，但从冲击的影响程度来看，金融自由化程度较高的发达经济体的损伤程度明显要大于金融自由化程度较低的新兴市场经济体，而这事实上也体现了金融周期对金融体制的动态异质特征。

4.2 金融周期运行机制的一般均衡模型

4.2.1 一般均衡模型的基本设定

传统宏观周期理论研究普遍认为，经济周期的运行机制主要是通过宏观层面渠道进行传导的。例如在20世纪70年代之前，基于凯恩斯主义的IS – LM模型，强调的是利率等宏观价格渠道对一国经济的影响作用。而到了20世纪80年代，随着新古典宏观经济学派的兴起，真实经济周期理论（RBC理论）又将周期运行机制的研究重点转移到信用等数量层面的宏观渠道，其中以Bernanke和Blinder（1988）提出的银行贷款渠道（Bank Lending Channel）与资产负债表渠道（Balance Sheet Channel）运用最为广泛。事实上，相比于凯恩斯主义对金融脆弱性的完全忽视，真实经济周期理论已经开始逐步意识到信贷市场对宏观经济波动的重要影响，并提出了著名的金融加速器理论（Bernanke et al.，1999）。

然而，虽然 RBC 理论已经逐渐开始意识到信贷的重要作用，但其依然认为，外生冲击才是造成宏观经济的波动根源。例如在传统 RBC 模型中，新古典学派始终将商业银行资产负债表的变化归结于实体经济的冲击。商业银行在经济周期的运行机制中只是一个普通中介，它的功能只是在单纯地传递实体经济变化，而银行的自身行为并不会影响宏观经济的波动。例如，商业银行的资产负债表变化根源在于负债端的储蓄存款，而储蓄存款是外生于金融系统，完全受实体经济因素所决定的。因此，在真实经济周期理论中，是实体经济决定了银行系统的运行状况。但这其实是本末倒置的。美国次贷危机的教训表明，银行资产负债表扩张的速度已经远远超过了实体经济增长的速度。金融周期理论认为，正是金融市场中的融资约束与价值风险认知的自我交互增强作用，形成了金融市场的周期性波动。显然，在金融周期理论中，微观经济个体的风险认知（Risk Perceptions），或称风险偏好（Risk Attitudes）对金融周期的运行机制起到了至关重要的作用。而银行作为一个独立的经济主体，也同样具备其自身的经济预期与风险偏好。如果银行预期未来经济将存在正向缺口[①]，那么银行的风险偏好程度将显著上升，进而导致银行增加自身的信贷供给，金融市场中的融资约束得以放松，过于宽松的流动性环境很可能引发大规模的资产价格泡沫，甚至爆发金融危机。相反，如果银行预期未来经济较为悲观，那么明显下降的风险偏好，就会造成过度紧缩的融资环境，从而加重经济萧条，经济衰退恶化。显然在上述金融周期的运行过程中，银行等微观经济个体对宏观经济波动的传导作用，已经不仅体现在宏观的数量或价格层面，更具象地表现为微观层面的风险承担渠道（Risk-taking Channel）。

事实上，Borio 和 Zhu（2008）在对国际金融危机的反思中，已经通过货币政策的风险承担渠道阐释了宏观经济变量（如利率等因素）与微观金融主体（如商业银行等金融中介）的风险偏好之间的紧密联系。货币政策会通过资产价值（Adrian and Shin，2009）和逐利机制（Rajan，2006）的传导，影响金融参与主体的风险偏好或风险容忍程度，进而对其信用决策产生影响，并最终经由融资约束的改变作用于实体经济，放大繁荣与崩溃。实际经济活动中，美国低

---

① 即实际 GDP 高于潜在 GDP。

利率政策在国际金融危机前后，对刺激信贷扩张与经济增长的不同表现，也体现了微观经济主体所持的风险偏好态度会对宏观经济的发展和金融体系的稳定产生至关重要的影响作用。

随着金融自由化的发展与演进，风险偏好逐渐成为联结信贷规模与抵押品资产价格的核心要素。在此基础上，本书在凯恩斯 IS – LM 模型与张斌（2012）构建的 CC – MA 模型的基础上，秉承均衡联立的建模方法，构建了一个以风险偏好为核心的金融周期运行机制理论模型。

首先，模型打破传统 IS – LM 模型缺失金融摩擦的桎梏，将风险偏好与资产价格等被传统经济周期理论所忽视的金融周期核心要素内生化纳入本书的理论分析框架之中，刻画了风险偏好在金融周期中的具体表现形式，凸显了风险偏好在联结信贷与资产价格之间的传导作用，阐释了金融周期的运行机制。

其次，本书在处理模型中信贷市场供求均衡细节时，区分了不同金融周期运行阶段内信贷供求双方的主导地位，有效结合了凯恩斯主义的需求决定论与新古典宏观经济理论的供给决定论，完整阐释了金融周期各个运行阶段内，金融变量彼此交互推动放大经济波动趋势的影响作用。

本书模型的基本设定如下：第一，模型紧密结合中国商品市场与信贷市场的发展现状，将居民、企业与商业银行三者通过价值风险偏好与信贷约束行为置于统一的金融周期运行机制的理论框架之中，从而阐释中国金融周期的波动机理。第二，真实经济周期理论对微观经济个体严苛的理性预期设定，是其无法有效拟合实际宏观经济波动的主要原因。因此，本书在模型设定时，以金融周期理论中的非线性预期偏好取代了真实经济周期理论中的理性预期假设。同时，本书根据不同微观经济个体的行为特征，合理区分了它们的风险偏好属性。第三，在梳理需求决定论与供给决定论经典思想的基础上，本书根据金融周期不同阶段的信贷供求特征（繁荣或萧条），有效区分了信贷供求双方的决定地位。此外，模型与 IS – LM 模型和 CC – MA 模型的处理方式类似，将实体商品市场设定为线性均衡，将涉及复杂金融波动的信贷市场设定为具有曲率特征的非线性均衡，从而更加深入地探究金融周期的运行机制。

4.2.2　商品市场均衡

（一）商品需求（Y^d）

一般而言，商品的需求方为居民，商品需求 Y^d 可分为两类：一类是缺乏弹性的刚性消费需求，本书设为 Y_c^d；另一类是富有弹性的投资性需求 Y_i^d，如房地产等耐用消费品的投资需求就可以理解为属于 Y_i^d 范畴。因此，Y^d、Y_c^d 与 Y_i^d 三者之间的关系为

$$Y^d = Y_c^d + Y_i^d \tag{4.1}$$

其中，根据微观经济学中商品的需求曲线可知，缺乏弹性的刚性消费需求 Y_c^d 是关于商品价格 P 的减函数：

$$Y_c^d = Y_c^d(\underset{-}{P}) \tag{4.2}$$

而对于富有弹性的投资需求 Y_i^d 而言，本书设定其为关于居民风险偏好 RA_c 的增函数，且居民的风险偏好 RA_c 在模型中为外生变量。这是因为，相比于机构投资者，居民作为个人投资者，其投资行为往往无法有效捕捉市场信息，缺乏对利率或价格变动的灵敏感知。因此，居民的风险偏好主要受金融政策或经济景气等外生变量的影响，而对内生因素的变动并不敏感。所以居民的商品投资消费需求函数为①

$$Y_i^d = Y_i^d(\underset{+}{\overline{RA_c}}) \tag{4.3}$$

（二）商品供给（Y^s）

商品的供给主体为企业部门。由于生产成本的存在，大多数企业的生产决策都受到融资约束的限制。一般而言，企业获取生产所需的资金来源的主要方式为通过不动产抵押获得银行部门的信贷供给。因此，企业部门的供给函数 Y^s 与银行部门贷款利率 i 和抵押品价值（主要体现为不动产价格 P）存在密切联系：其一，贷款利率 i 可以视作企业部门的融资成本。一般而言，利率 i 越低，

---

① 这里需要特别说明的是，尽管在现实经济活动中，可能会存在当利率较低或价格较高时，居民对投资也有所增加的联动现象，但这种时间关系上的一致性并不能说明居民的风险偏好的内生性，因为从因果关系分析，居民的风险偏好如本书所述，受外生宏观经济环境的直接影响，在经济上行期内，居民的投资需求会有所增加，而宽松上行的宏观经济环境往往也会伴随着较低的利率与上涨的资产价格，这就造成了低利率高价格与投资需求增加看似关联的现象，然而这只是时间上的恰巧吻合而已。

企业部门的融资成本越低，越倾向增加商品供给。因此商品供给 Y^s 是关于贷款利率 i 的减函数。其二，企业部门的商品供给是关于价格 P 的增函数。这是因为，一方面，商品价格 P 上涨可以直接增加企业部门的生产利润；另一方面，抵押品价值 P 越高，企业部门能够从银行部门获得的生产性融资额度越大。两方面因素共同作用，使得企业部门的生产函数可以表示为关于利率 i 的减函数，关于价格 P 的增函数：

$$Y^s = Y^s(\underset{-}{i}, \underset{+}{P}) \tag{4.4}$$

（三）商品市场的供求均衡

商品市场的供求均衡条件为 $Y_c^d + Y_i^d = Y^d = Y^s$，代入等式（4.2）至式（4.4）得

$$Y_c^d(\underset{-}{P}) + Y_i^d(\underset{+}{\overline{RA}_c}) = Y^s(\underset{-}{i}, \underset{+}{P}) \tag{4.5}$$

通过移项，提取出内生价格 P 与信贷利率 i，可以得到该曲线是关于 P 与 i 同向的商品市场均衡曲线，设为 YY 曲线：

$$Y(\underset{-}{i}, \underset{+}{P}, \underset{+}{\overline{RA}_c}) = 0 \tag{4.6}$$

如图 4.4 所示，在商品市场均衡时，利率 i 与价格 P 呈正相关关系。具体表现为一条在利率 i（横轴）与价格 P（纵轴）的二维平面内向右上方倾斜的直线，这里表示为 YY 曲线。YY 曲线之所以会呈现向右上方倾斜，是因为假设宏观经济处于上行期，在商品市场供求均衡的条件下，一方面，价格 P 上涨在增加商品供给 Y^s 的同时，也直接减少了居民的刚性消费需求 Y_c^d；另一方面，利率 i 的上升会直接减少商品供给 Y^s。经两方面共同作用，商品市场可以重新恢复均衡。与此同时，居民等个人投资者的风险偏好 RA_c 为模型的外生变量，会以平移的方式影响 YY 曲线位置变化。① 具体而言，在经济上行期内，YY 曲线向上平移；在经济下行期内，YY 曲线向下平移。

---

① 为避免文章语言繁冗，宏观经济下期内的运行情况同理，文章此处省略描述。

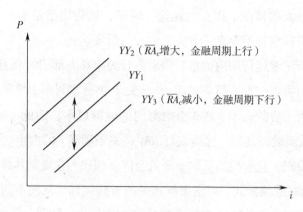

图 4.4　商品市场均衡曲线

4.2.3　信贷市场均衡

　　相比商品市场中简明直接的线性设定，无论是宏观层面的价格 P 与利率 i，还是微观层面风险偏好，它们的波动对信贷市场的影响都更加复杂。这是因为，信贷供求双方的主导地位在金融周期的不同阶段内会存在明显差异。一般认为，在金融周期的繁荣阶段内，信贷供不应求，因此信贷供给方处于主导地位；而在金融周期的衰退阶段，信贷供过于求，因此信贷需求方处于主导地位。造成传统经济周期理论失效的很大一部分原因正是在于，传统周期理论分析框架对供求决定方的设定过于单一：凯恩斯主义经济周期理论坚持需求决定论，而新古典真实经济周期理论则仅考虑供给决定论。这就造成二者只能拟合某一特定时期的宏观经济波动，但却无法避免在长期运行中与现实的脱节。例如，凯恩斯主义经济周期理论能够较好地理解 20 世纪 30 年代的大萧条，但却无法对 20 世纪 70 年代两次石油危机作出合理解释。为弥补传统经济周期理论的上述缺点，本书在分析金融周期的运行机制时，分别考察了金融周期的正常运行阶段（包括金融周期的上行阶段和下行阶段）、金融周期波峰（对应经济过度繁荣期）与金融周期波谷（对应经济深度衰退期）三个不同阶段内供求双方的主导地位，通过对需求决定论与供给决定论的有机结合，完整阐释各个经济运行阶段内金融周期的运行机制。

　　（一）金融周期正常运行阶段的信贷市场均衡

　　本书认为，在金融周期的正常运行阶段内，信贷供求双方地位是平等的，并不存在一方独大的情况。因此，在这一时期，信贷均衡是由信贷供求双方所共同决定的，供求双方不存在一方完全主导的情形。

首先，分析正常运行期内的信贷需求方行为。私人部门（包括居民与企业）是信贷市场中的需求一方。信贷需求 L^d 是关于受贷款利率 i 与风险偏好 RA_l 的函数。其一，由于贷款利率 i 是非金融部门的融资成本，因此，信贷需求 L^d 是关于利率 i 的减函数。其二，风险偏好 RA_l 是关于利率 i 的内生变量。根据实际经济活动经验发现，较长期的低利率政策会降低居民与企业的风险偏好程度，使其产生预期向好的思维定式，坚信市场繁荣的可持续性，从而不断增加投资性信贷需求。我国货币当局在 2014 年底至 2015 年中期间，连续颁布降息降准政策。此后大规模杠杆资金流入我国股票市场的现象就是对于居民风险偏好影响信贷需求的有力阐释。因此，模型设定信贷需求 L^d 是关于私人部门风险偏好 RA_l 的增函数，且由于风险偏好 RA_l 是内生于贷款利率 i 的，因此，这种内生性将通过非线性的形式体现，即以曲率 α^d 呈现。综上，信贷需求函数 L^d 可以表示为

$$L^d = \alpha^d \left(RA_l(\underset{+}{i}) \right) L^d(\underline{i}) \tag{4.7}$$

其次，对正常运行期内的信贷供给方的经济行为量化建模。信贷供给 L^s 是关于利率 i 与银行部门的内生风险偏好 RA_b 的函数。其一，贷款利率 i 是银行部门最直接的利润来源，因此，银行部门的信贷供给 L^s 是关于贷款利率 i 的增函数。其二，传统的经济周期理论往往忽视了影响商业银行信贷供给的另一重要因素，即通过抵押品价值体现的商业银行风险偏好 RA_b，即商业银行的风险承担（Borio and Zhu，2008；Adrian and Shin，2009）。事实上，20 世纪 90 年代初期的日本经济泡沫与 2007 年的美国次贷危机都是因商业银行风险偏好剧增而造成信贷骤增的典型案例。因此，本书在对信贷供给建模时，将银行部门的风险偏好进行内生化设定。同时，根据 Borio 和 Zhu（2008）提出的风险承担传导渠道，本书认为银行风险偏好 RA_b 是为关于价格 P 的内生增函数，且银行部门风险偏好 RA_b 上升将直接增加银行的信贷供给 L^s。这种内生影响过程同样由非线性曲率 α^s 体现。这是因为，在银行进行信贷供给决策过程中，资产价格 P 上升将直接导致抵押品价值增加，从而增强商业银行的风险偏好 RA_b，降低市场的融资约束。所以，供给函数可以表示为

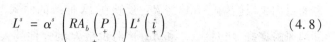

$$L^s = \alpha^s \left(RA_b \left(\underset{+}{P} \right) \right) L^s \left(\underset{+}{i} \right) \tag{4.8}$$

最后，本书构建金融周期正常运行阶段内，信贷市场供求均衡曲线。在正常运行期内，信贷市场的供求均衡条件为 $L^d = L^s$，即

$$\alpha^d \left(RA_l \left(\underset{-}{i} \right) \right) L^d(\underset{-}{i}) = \alpha^s \left(RA_b \left(\underset{+}{P} \right) \right) L^s \left(\underset{+}{i} \right) \tag{4.9}$$

整理得如图 4.5 所示的正常运行期内信贷供求均衡曲线，设为 LL 曲线：

$$\alpha^L \left(\underset{+}{i}, \underset{+}{P} \right) L \left(\underset{+}{i}, \underset{+}{P} \right) = 0 \tag{4.10}$$

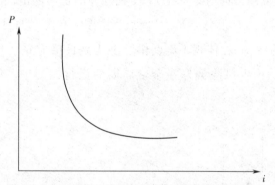

图 4.5 金融周期正常运行阶段的信贷市场均衡曲线

在信贷市场供求均衡的条件下，当金融周期处于上行阶段，一方面，向好的经济景气会推动资产价格 P 上涨，抵押品价值将经由抵押效应，提升银行部门的风险偏好水平 RA_b，从而市场中的信贷供给 L^s 持续增加。另一方面，贷款利率 i 在经济上行期内通常也处于较低水平，较低的贷款利率 i 在增加信贷需求 L^d 的同时，也会减少一部分的信贷供给 L^s，从而实现信贷市场新的供求平衡。同理，当金融周期处于正常下行阶段时，面对不景气的经济环境，抵押品价值由此下降，为避免发生贷款违约，银行降低其风险偏好 RA_b 以减少其信贷供给 L^s。与此同时，经济下行期内，商业银行为控制风险并保证自身利润，还会通过提高贷款利率 i 的方式，降低市场的信贷需求 L^d，从而达到新的供求平衡。综上，LL 曲线在利率 i（横轴）与价格 P（纵轴）的二维平面内呈现一条向右下方倾斜的曲线，如图 4.5 所示。此外，本书还需特别指出的是，根据前文模型的设定，价格 P 与利率 i 对信贷供求的影响不仅体现在 LL 曲线的方向上，同样

也通过内生风险偏好 RA_l 与 RA_b 反映在 LL 曲线的曲率上。价格 P 越高，经济各部门风险偏好（包括 RA_l 和 RA_b）对价格 P 的弹性越大，即信贷供给 L^s 对价格 P 的弹性越大；利率 i 越低，信贷需求 L^d 对利率 i 的弹性越小。二者体现在 LL 曲线上即为，随着价格 P 的上升与利率 i 的下降，价格 P 对利率 i 的曲率 α^L 增加，LL 曲线表现为一条凸向原点的曲线。[①]

为了更加直观地阐释内生风险偏好对价格波动的放大影响，本书在图 4.6 中进行了内生风险偏好（曲线 LL）与非内生风险偏好（直线 LL'）之间的对比分析：假定 LL 与 LL' 初始时二者相切于点 A，且点 A 为二者与商品市场均衡曲线 YY 的交点。假设商品市场均衡曲线 YY 受到外界的正向冲击，由 YY 上移 Δy 至 YY'，YY' 分别与 LL、LL' 相交于 B、C 两点。由图 4.6 可以明显看出，因为内生风险偏好由 LL 的曲率 α^L 体现，B 点相对于 A 点价格 P 的上涨幅度明显大于 C 点。由此可见，内生风险偏好在金融周期的运行机制中，具有重要的传导意义。

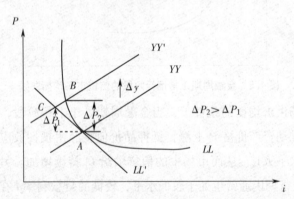

图 4.6　内生风险偏好与非内生风险偏好对金融周期传导作用的比较

（二）金融周期波峰的信贷市场均衡

接下来，本书对金融周期波峰处的信贷市场供求情况进行建模分析。一般而言，在金融周期波峰处，信贷供给方占据信贷市场的主导地位。具体而言，

---

　　① 之所以将价格 P 与利率 i 在商品市场中的均衡曲线视为线性关系，而对信贷市场中的均衡曲线考虑曲率变化，其实是延续了经典宏观经济理论分析框架的逻辑。传统经典理论通常认为商品市场的供求关系较为简单，而货币市场的供求则相对复杂。例如，我们通常认为 IS 曲线是线性的，但在描绘 LM 曲线时，则还会加入对不同利率—总产出组合下的 LM 曲线斜率的分析。

金融周期波峰对应着宏观经济的过热运行，此时利率 i 往往处于极低水平，设为 i_0^*。那么，这时信贷供求双方均已不再受利率 i 的影响，伴随着繁荣期内抵押品价格 P 的不断上涨，银行部门不断放松信贷约束，为经济提供充裕的信贷供给 L^s，而每一价格水平 P 所对应的信贷供给 L^s 均会为信贷需求 L^d 所全部吸收，从而实现信贷市场新的供求均衡。首先，对于信贷需求方，当金融系统处于过度繁荣期内，由于贷款利率 i_0^* 处于极低水平，因此无论是居民的借贷成本，还是企业的融资成本，均也处于低位区间。所以，居民与企业对信贷需求 L^d 已不再受利率 i 的影响，利率的需求弹性无限大，因此，信贷需求函数为 $L^d : i = i_0^*$。其次，对于信贷供给方，在金融周期波峰处，极低的利率 i_0^* 同样无法再影响银行的信贷供给 L^s，但商品市场价格 P 的上涨却导致银行部门的风险偏好 RA_b 因抵押品价值 P 的大幅上升而急剧增加，银行过高的风险偏好 RA_b 会促使其充分挖掘可贷资金，持续放宽信贷供给 L^s。因此贷款供给函数可以表示为

$$L^s = L^s\left(RA_b(P)\right) \tag{4.11}$$

最后，对于信贷的供求均衡，在金融周期波峰处，由于信贷需求方的利率需求弹性无限大，骤增的信贷需求 L^d 可以完全吸收因资产价格 P 上升而增加的全部信贷供给 L^s，以达到信贷市场新的供求平衡。因此，信贷的供求均只受资产价格 P 的影响。即当利率低至 i_0^* 水平后（i_0^* 对应的资产价格为 P_0^*），如图4.7所示，金融周期波峰附近的信贷供求均衡曲线 LL，将成为一条垂直于利率 i 轴的射线：$i = i_0^*$（$P \geqslant P_0^*$）。

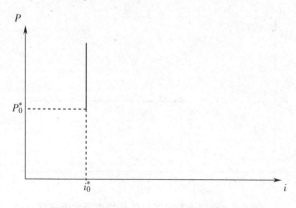

图 4.7　金融周期波峰处的信贷市场均衡曲线

（三）金融周期波谷的信贷市场均衡

在金融周期波谷处，信贷需求方往往占据信贷市场的主导地位。金融周期波谷对应的是经济深度衰退期，此时，由于资产价格 P 的大幅下跌，抵押信贷市场基本只存在受利率 i 影响对应刚性需求的信贷需求 L^d。同时，在深度衰退期内，当资产价格 P 降至某一较低水平 P_1^* 后，银行部门为避免爆发违约危机，其风险偏好 RA_b 将降至最低水平，甚至即使政府采取低利率刺激政策，也难以刺激银行部门的信贷供给 L^s。次贷危机之后的美国与欧债危机之后的欧元区经济体就是很好的例子。这也从另一个角度辅证了本书模型对银行部门内生风险偏好 RA_b 设定的合理性。首先，对于信贷需求方，金融周期波谷附近的信贷需求函数为关于贷款利率的减函数：

$$L^d = L^d(\underset{-}{i}) \tag{4.12}$$

其次，在金融周期的波谷处，资产价格 P 往往已经降至极低水平 P_1^*，基本不再存在下降空间。此时为避免爆发信用违约危机，银行部门的风险偏好程度 RA_b 也随着抵押品价值降至最低区间，利率的供给弹性趋近于零，供给函数可表示为 $L^s: P = P_1^*$。

最后，对于信贷市场的供求均衡，在金融周期的波谷处，当资产价格 P 下跌至一定水平 P_1^* 后（对应贷款利率水平为 i_1^*），信贷需求 L^d 将完全由信贷供给 L^s 决定，因此在新的信贷均衡条件下，LL 曲线是一条垂直于价格 P 纵轴的射线 $P = P_1^*(i \geq i_1^*)$，如图 4.8 所示。

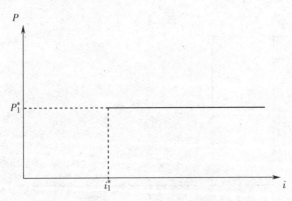

图 4.8　金融周期波谷处的信贷市场均衡曲线

（四）完整的信贷供求均衡曲线

图4.9中的Ⅰ区域对应的是金融周期波峰附近的运行情况，即宏观经济的过度繁荣期，信贷市场的供求均衡由信贷供给方决定，LL曲线为一条垂直于利率轴的射线。图4.9的Ⅱ区域对应的是金融周期的正常运行阶段，即宏观经济的正常运行期内，信贷市场的供求均衡由信贷供求双方决定，LL曲线为凸向原点的曲线，其中接近Ⅰ区域的部分为金融周期的上行阶段，接近Ⅲ区域的部分为金融周期的下行阶段。图4.9的Ⅲ区域对应的是金融周期波谷附近的运行情况，即宏观经济的深度衰退期，信贷市场的供求均衡由信贷需求方决定，LL曲线为一条平行于利率轴的射线。

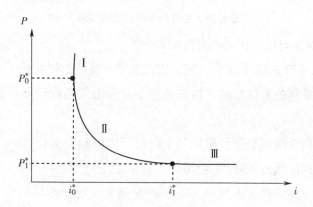

图4.9　金融周期各个阶段的完整信贷市场均衡曲线

4.2.4　一般均衡模型的比较均衡分析

（一）模型的静态均衡解

利用商品市场均衡条件与信贷市场均衡条件，本书可以在价格P（纵轴）与利率i（横轴）的二维平面内，寻找到商品市场与信贷市场的联立均衡解，如图4.10所示。具体而言，商品市场均衡曲线YY是一条向右上方倾斜的直线，信贷市场均衡曲线LL是一条整体向右下方倾斜的曲线，YY曲线与LL曲线的交点就是本书金融周期运行机制的静态均衡解。在均衡解处，商品市场与信贷市场处于双重均衡状态。其中当金融周期处于正常的上行或下行阶段时，YY曲线与LL曲线相交于E_1；当金融周期处于波峰处时，YY曲线与LL曲线相交于E_2；

当金融周期处于波谷处时，*YY* 曲线与 *LL* 曲线相交于 E_3。

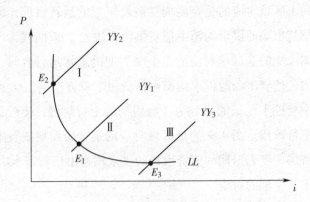

图 4.10　金融周期的静态均衡解

（二）金融周期运行机制的比较均衡分析

依据本书对 *YY* – *LL* 模型的设定，宏观经济环境通过影响外生变量风险偏好 $\overline{RA_c}$ 而改变 *YY* 曲线的整体位置，由此产生不同金融周期阶段商品市场与信贷市场的联立均衡。[①]

首先，分析金融周期上行阶段与下行阶段内的动态运行机制。在金融周期的上行阶段，居民风险偏好 $\overline{RA_c}$ 会增加，*YY* 曲线向上平移至 *YY′*，如图 4.11 所示，模型均衡解的位置从 *E* 变至 *E′*，资产价格 *P* 上涨，市场利率 *i* 下降。对于信贷规模 L^d 与 L^s，其一，根据模型对经济正常运行期信贷供给 L^s 的设定，在新的均衡状态下，价格 *P* 上升与利率 *i* 下降对信贷供给 L^s 总量存在抵消性的影响，因此，不能直接判断出新均衡点处的信贷供给水平。其二，由于 *LL* 曲线上各点均处于信贷供求均衡状态，因此，本书可以从信贷需求 L^d 入手，分析金融周期新均衡状态下的信贷总量变化。根据模型的设定，在金融周期的上行阶段，信贷需求 L^d 只受贷款利率 *i* 的负向影响，而在新的均衡状态下，利率 *i* 下降，信贷需求 L^d 增加，所以，金融市场中的信贷总量上升。[②] 而在金融周期的下行阶段，

---

①　为了简便，本书将政策工具、政府购买等外生变量并入宏观经济因素之中，反映在作为外生变量的居民风险偏好方向上。因此在比较静态分析中，我们只需考虑 *YY* 曲线受外生变量影响变化的情况，*LL* 曲线只存在内生变量并不会受外生变量影响而出现平行移动。

②　经济正常运行期内，下行阶段与上行阶段分析逻辑一致，可认为商品供给曲线从 *YY′* 向下平移至 *YY*。

居民风险偏好$\overline{RA}_e$下降，YY'曲线向下平移至YY，模型均衡解的位置从E'变至E，资产价格P下跌，市场利率i上升，信贷需求L^d减少，根据均衡状态供求平衡原理，金融周期下行阶段内，信贷总量减少，市场中的金融约束收紧。

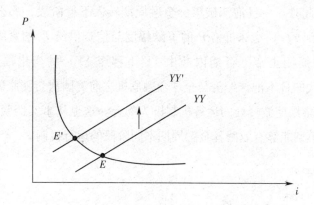

图 4.11　金融周期正常运行阶段的比较均衡分析

其次，本书分析金融周期在其波峰处的运行机制。当金融周期处于其波峰附近时，居民等个人投资者的风险偏好$\overline{RA}_e$呈连续增加状态，YY曲线不断平行上移。如图 4.12 所示，本书选取其中一次的上移过程进行具体分析，即商品市场均衡曲线由YY_1上移至YY'_1。为了更加清晰地阐释金融周期波峰处，宏观经济的过热运行状态，本书引入了与金融周期正常上行阶段的对比分析。假定居民风险偏好$\overline{RA}_e$在金融周期正常上行阶段与金融周期波峰处增加相同的幅度Δy，即在图 4.12 中，商品均衡曲线由YY上移至YY'的距离与YY_1上移至YY'_1的距离是相同的，二者均向上平移了Δy。那么从图 4.12 中可以清楚地看到，由于LL曲线在金融周期上行阶段与在金融周期波峰处的曲率不同，资产价格P在金融周期波峰处的上涨幅度ΔP_1（对应LL曲线的竖直段），明显大于其在金融周期上行阶段内的上涨幅度ΔP_0（对应LL曲线的曲线段）。此外，从信贷供给端L^s分析市场中的融资约束，可以发现，信贷总量在金融周期波峰处的扩张幅度远高于其在金融周期正常上行阶段内的扩张幅度。这是因为，一方面，资产价格P在金融周期的波峰处的增幅较大；另一方面，根据前文分析，市场利率i在金融周期波峰处能够保持极低水平不变，而在金融周期正常上行阶段内却出现下降趋势。因此，根据金融周期不同阶段的信贷供给L^s公式（4.8）与式（4.11）

可得，信贷在金融周期波峰处的扩张幅度 ΔL^s 要大于其在金融周期上行阶段的扩张幅度。这表明，在金融周期的波峰处，宏观经济的过热运行导致金融的信贷约束 L^s 与内生风险偏好 RA_b 和 RA_l 的交互增强作用，推动了资产价格泡沫 P 的迅猛膨胀。此时，一旦泡沫破灭，金融周期转入下行阶段，那么位于竖直段（由 YY'_1 下移到 YY_1）泡沫价格 P 的下跌幅度与信贷供给 L^s 的紧缩程度，同样要远大于金融周期正常下行期内（由 YY' 下移至 YY）的变化幅度。事实上，20 世纪 90 年代的日本泡沫经济与全球金融危机之前美国次贷膨胀的状态，都与本书模型中金融周期波峰处的运行机制极为吻合。这也从事实经验层面证明了，本书 $YY - LL$ 模型能够有效阐释金融周期不同阶段的运行机制。

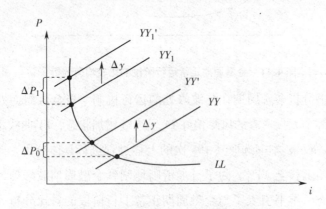

图 4.12　金融周期波峰处的比较均衡分析

最后，本书分析金融周期波谷处的运行机制。当金融周期处于波谷处时，如果政策当局放任自流而不采取任何措施刺激经济复苏的话，那么外生风险偏好 $\overline{RA_c}$ 将持续下降，YY'_2 曲线将连续下移至 YY_2。比较金融周期的新旧均衡解，可以发现，虽然在金融周期新的均衡解处，资产价格 P 没有任何变化，但不断上升的市场利率 i 会持续降低金融市场中的信贷需求 L^d，从而引发金融市场信贷规模的持续紧缩。反之，如果在金融周期的波谷处，一国的政策当局能够实施恰当的逆周期的宏观审慎政策，释放前瞻性经济利好信号，创造宽松的政策环境，提振市场信心，增加外生风险偏好 $\overline{RA_c}$，那么，如图 4.13 所示，商品市场均衡曲线便能够由 YY_2 平行上移至 YY'_2，在降低市场利率 i 的同时，维持资产价格 P 不变。从信贷需求端 L^d 分析，可知市场中的流动性逐渐趋于充裕，经济出现复苏向好的运行趋势。

利用 $YY-LL$ 模型，本书可以进一步比较逆周期宏观审慎政策在金融周期波谷处与在金融周期下行阶段内不同的政策效果，从而加深对金融周期运行机制的理解。与对金融周期波峰处的分析类似，本书假定政府实施逆周期的审慎政策，使外生风险偏好 $\overline{RA_c}$ 在金融周期波谷与在金融周期下行阶段两个时期内增加的幅度相同，即 YY 与 YY_2 向上平移的幅度相同（均为 $\Delta y'$）。那么，从图4.13中可以直观地看到，由于信贷市场均衡 LL 曲线的曲率在金融周期各个阶段内的表现并不完全一致，因此，相同的宽松政策引起利率 i 的下调幅度也并不一致。具体而言，受宽松政策影响，市场利率在金融周期波谷处的下调幅度 Δi_2 要大于金融周期的正常下行阶段 Δi_1，因此金融周期波谷处的信贷增幅也大于金融周期的下行阶段。

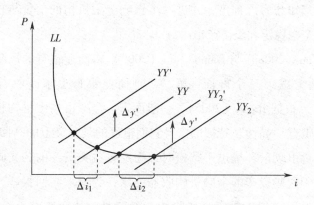

图4.13　金融周期波谷处的比较均衡分析

此外，还需特别注意的是，在金融周期正常下行阶段内，尽管宽松的宏观经济政策能够降低利率、放宽信贷，但同时也抬高了风险资产价格。特别地，如果政府的刺激政策力度过大，那么就很可能会催生资产价格泡沫。这时，实体经济的复苏，却是以金融失衡作为代价的，本质上并不利于宏观经济的长期稳定发展。因为一旦政策当局认识到价格泡沫的存在而结束之前的宽松政策，那么风险偏好下降与信贷约束收紧的交互作用，会导致经济走向更加严重的二次衰退，即所谓的"未完成的衰退"（Borio，2014）。

4.3　金融周期的传导中枢：商业银行的过度风险承担

本书通过上一节关于金融周期运行机制的理论研究发现，商业银行在金融周期传导链条中，是联结"信用供给"与"风险偏好的"核心部门。因此，本书在这一节中，将以事实描述与理论分析相结合的方式，着重探讨金融周期中商业银行的风险承担行为。

4.3.1 商业银行的风险承担渠道

商业银行的风险承担渠道（Risk Taking Channel）是由 Borio 和 Zhu（2008）在总结 2008 年国际金融危机中货币政策对银行风险作用的基础上，提出的一种银行对货币政策风险承担的概念。商业银行风险承担渠道的具体概念可以表述为，货币政策通过影响资产价格、融资成本和风险定价等因素，进而影响金融机构对风险的感知和容忍程度，并进一步影响金融机构的信贷与投资决策，从而最终作用于金融稳定和经济产出。

Borio 和 Zhu（2008）与 Gambacotra（2009）将商业银行的风险承担渠道的产生机理归纳为以下三个方面：第一，是商业银行追求高收益（Search for Yield）的行为。根据 Rajan（2005），一般而言，金融市场中机构投资者的投资目标收益率是带有"黏性"特征的，且它们追逐的是名义上的高回报率。因此，当宏观经济中货币政策环境过于宽松时，固定收益类资产的名义收益率明显下降，过多投资于这些资产的金融机构收益缩水，为追求高回报率，原有风险厌恶型金融机构反而被迫去投资高风险的金融产品，从而造成风险的过度承担。第二，是商业银行对风险认知程度的显著下降。通常情况下，当宏观经济处于金融繁荣时期，较低的利率价格与较为充裕的市场流动性，会蒙蔽商业银行，放松对风险的警惕性，造成商业银行对金融市场风险的感知灵敏性降低。此外，在金融繁荣阶段，银行的风险偏好会随着抵押资产价格的上涨而明显增加，这会进一步加剧商业银行的过度风险承担。第三，某些系统重要性银行存在"大而不能倒"（too Big to Fall）的道德风险。这种情况通常建立在商业银行对中央银行抱有救市预期的情况。最典型的就是"格林斯潘卖权"（Greenspan Put），拥有"格林斯潘卖权"就相当于从中央银行获取了一份"看跌期权"，从而导致商业银行坚信中央银行在危机时期会采取救援行动，因此这反而会通过"道德风险"增加商业银行的过度风险承担。

根据上文阐述的三种商业银行风险承担渠道作用机理，本书可以进一步将其归纳梳理为被动层面与主动层面两类，如图 4.14 所示。首先，本书分析商业银行被动的风险承担机理。顾名思义，所谓"被动机理"，是指商业银行由于身处金融体系内部，而被迫承担的风险承担行为。这种被动机理具体体现为金融体制和金融结构对货币政策的顺周期放大效果。例如，信用评级机构在金融繁荣期内会上调其评级结果，在危机时期会下调各评级结果。这与商业银行自身是无关的，但商业银行由于身处金融市场，就必须被动地承担这种过度风险。其次，本书分析商业银行的主动风险承担机理。这种主动机理是与银行风险偏好直接挂钩的。换言之，主动承担机理就是银行受自身风险偏好增强的影响而产生的过度风险承担。具体而言，主动风险承担机理主要存在于以下四点：一是商业银行的杠杆增加，二是商业银行的激励机制，三是市场所引发的竞争效应，四是银行集体的道德风险。

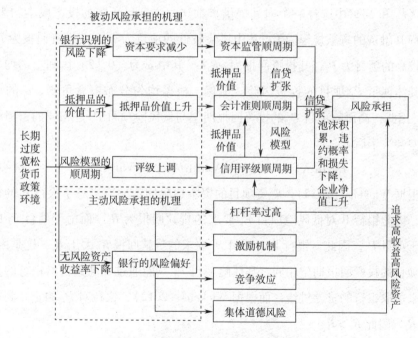

图 4.14　货币政策银行风险承担的机理

4.3.2　金融周期中银行过度风险承担机制的理论分析

根据本书前文所述，由于商业银行风险承担渠道存在被动机理，因此，商业银行在实际经济活动中，是无法避免承担风险的。然而，随着各国金融自由化程度的不断加深，除了必要的风险承担之外，商业银行面临更多的则是由主动机理所引发的过度风险承担（Excessive Risk Taking）。

首先，本书需要界定商业银行过度风险承担的概念。对于商业银行而言，其自身的风险偏好显著影响其信用投放标的的选择。例如在美国次贷危机之前，商业银行对次级贷款的供给就是典型的一种"过度风险承担"。具体而言，如果银行面临两个收益预期相同但风险不同的贷款标的，如果某一银行的风险偏好程度较高，那么该银行将倾向于选择高风险的贷款标的。

其次，本书将在 Agur 和 Demertzis（2012）研究的基础上，通过引入商业银行风险偏好变量，全面阐释商业银行在金融周期运行机制中的过度风险承担。

具体而言，本书假定经济体中的代表性银行 B，需要在两个不同风险的融资项目（P_l 和 P_s）中选择一个向其提供贷款。两个项目所需的投产成本均为 K，向银行 B 融资的贷款规模为 L。其中风险较低的项目为 P_s，其投资回报为 R_sK；风险较高的项目为 P_l，其投资回报为 αR_sK，其中 α 为（0，2）区间上的均匀分布，其体现了 P_l 项目的投资风险。显然，根据均匀分布概念可知，α 的均值为 1。因此，高风险项目 P_l 的投资回报期望与低风险项目 P_s 是相同的，但前者的方差会大于后者，即

$$E(\alpha R_sK) = E(R_sK), \mathrm{Var}(\alpha R_sK) > \mathrm{Var}(R_sK) \tag{4.13}$$

根据 Wickens（2012），融资项目的资本边际回报率应当等于银行 B 的贷款利率，因此银行 B 对低风险项目 P_s 要求的贷款回报为 R_s。而由于项目 P_l 的风险高于项目 P_s，因此，银行 B 对项目 P_l 要求的贷款回报 R_l 大于 R_s。这是因为，两个项目的投资回报期望相同，高风险项目 P_l 只能通过提高其付给银行的贷款利率来争取银行的贷款供给，而根据 Wickens（2012），银行对 P_l 的贷款利率又等于 R_l，因此 $R_l > R_s$。

同时，根据巴塞尔协议，本书设定银行存在最低资本充足率 v 的要求。那么银行的经济最优化行为则可以描述为，在满足最低资本充足率监管要求的条件下，追求自身经营利润的最大化。在模型中，本书采用最直观的设定，即假定银行的资产全部为贷款 L，那么银行的资本则为 vL。利用银行的资产负债表

等式可以求得银行的存款 D，即 $D = (1 - v)L$，而银行存款利率本书设为 R_d。

由于项目 P_l 的风险较高，因此，本书设定 P_l 存在破产风险，即当项目 P_l 的投资回报因子 α 小于破产风险临界值 α_l 时（$\alpha < \alpha_l$），P_l 将不能如约偿还银行贷款，从而破产。设 P_l 的破产成本为 C，且 $0 \leqslant C < 1$。同时，由于银行的资产全部都为贷款，因此，如果高风险项目破产，那么银行也可能面临破产风险，设银行的破产临界点为 α_b。即当 $\alpha < \alpha_b$ 时，P_l 的破产将导致银行无法收回贷款 L，进而无法兑付存款 D，从而银行破产。[①] 此外，本书还设定了一种可能的情形，即当 $\alpha_b \leqslant \alpha_l$ 时，银行将破产后的项目 P_l 回收，便能够用项目残余继续兑付存款 D，而不会破产。

根据上述假设，本书可以求得高风险项目 P_l 与银行 B 破产临界值 α_l 和 α_b 的表达式：

$$\alpha_l = \frac{R_l L}{R_s K}, \alpha_b = \frac{(1 - v)R_d L}{(1 - C)R_s K} \qquad (4.14)$$

另外，根据条件，$\alpha_b \leqslant \alpha_l$，可以推导出 $(1 - C)R_l \geqslant (1 - v)R_d$

因此，本书可以写出银行 B 提供贷款后的回报：

如果银行 B 选择了低风险项目 P_s，其回报为

$$\pi_s = LR_s$$

如果银行 B 选择了高风险项目 P_l，其回报为

$$\pi_l = \frac{1}{2}\left[\int_0^{\alpha_s} \alpha(1 - C)\,\mathrm{d}w + \alpha_s \int_{\alpha_s}^2 \mathrm{d}w\right]KR_s = \left[\alpha_s - \frac{(1 + C)(\alpha_s)^2}{4}\right]KR_s$$

$$(4.15)$$

其中，如果高风险融资项目 P_l 取得了成功，那么银行 B 就可以顺利收回贷款 L 的本息；而一旦高风险融资项目 P_l 失败破产，那么银行 B 就最多只能获取清算 P_l 破产后的剩余价值。设定 τ 为经济中的利率风险溢价，RA_b 为银行 B 的风险偏好因子，则 RA_b 越大，银行 B 越倾向于投资高风险项目 P_l。因此，RA_b 满足：

---

① 次贷危机中的雷曼兄弟破产事件，恰恰就是这种情况。

$$\tau = R_l - R_s = \frac{RA_b(1 + C)R_l^2(L/K)}{4R_s}L \qquad (4.16)$$

从式（4.16）中可以看出，如果银行 B 的风险偏好 $RA_b \leqslant 1$，那么银行 B 将会选择向低风险项目 P_s 提供贷款，而如果银行 B 的风险偏好 $RA_b > 1$，那么银行 B 对高风险项目 P_l 的预期回报 π_l 将高于对低风险项目 P_s 的预期回报 π_s，因此，银行为追逐利润最大化，很可能将信贷投放给高风险项目 P_l。与此同时，根据式（4.16），银行的风险偏好 RA_b 越大，高风险项目 P_l 对银行 B 的吸引力越强。而银行的信贷供给在另一方面又体现了社会的金融资源配置。所以，当银行风险偏好 RA_b 过强时，就意味着宏观经济中的信用资源都涌入了高风险的资本项目 P_l。而这个过程也恰好印证了金融周期中"风险偏好"与"金融约束"二者间的交互增强作用。

利用上述模型的分析框架，本书还可以进一步剖析在我国金融周期中，影子银行对我国宏观经济中金融资源配置的影响。本书假定模型中影子银行的风险偏好 RA_b 指数为 1，根据中国优质企业的实际贷款融资利率，本书将低风险项目的收益率设定为 6%，所以低风险项目的资本回报率 R_s 为 1.06。计算我国商业银行的实际平均资本充足率，本书设定模型中的 υ 为 0.4。假定高风险项目 P_l 的破产成本 C 为 0.10，根据式（4.16），计算得出我国经济中的利率风险溢价为 0.135，因此，高风险项目的平均贷款利率为 19.5%。而事实上，这个数字与我国当前 20% 左右的民间融资利率十分吻合。

上述拟合结果表明，目前我国影子银行的流向主要为高风险资本市场。同时，当前中国政府对影子银行采取的是逆周期审慎监管。而由于目前我国正处于金融周期的下行阶段，因此，中国政策当局对影子银行规模监管环境较为宽松，正试图引导民间信用投向实体经济，从而刺激我国内需增加、经济增长。但遗憾的是，根据本书测算，自"四万亿元"经济刺激政策之后涌现出的大规模影子银行，实际上并没有流向实体，反而受高风险偏好的驱使，涌入了高风险的资本市场，从而进一步推升了我国的资产价格泡沫：2015 年初，受股票牛市影响，我国的民间资本大规模涌入中国股票市场，这种"杠杆牛"导致 2015年中国 A 股市场出现了暴涨暴跌的剧烈波动。而 2016 年起，随着中国股票市场趋于稳定，具有高风险偏好的民间资本又涌入中国楼市，在 2016 年引发全国范围内的房价暴涨，一线城市的房价泡沫岌岌可危。显然，如果我国政府继续放任民间影子银行肆意膨胀的话，那么，从金融周期中长期视角分析，这必将对我国金融系统的稳定性产生巨大危害，威胁我国宏观经济的长期可持续发展。

4.4　本章小结

本章从属性与结构两个维度界定了金融周期的具体概念，梳理归纳了金融周期的典型特征。具体而言，金融周期是价值风险偏好与金融融资约束二者间的自我增强交互作用，这种作用会显著放大宏观经济的波动幅度。金融周期存在五个典型特征：第一，金融周期的长度与波幅均大于经济周期；第二，金融周期通常可以由信贷与房地产价格进行简单的合成描述；第三，金融周期的波峰之后，通常会爆发金融危机，即所谓"崩溃前的繁荣"；第四，金融周期波幅与长度会随着宏观经济环境和货币政策框架的变化而改变；第五，不同经济体的金融周期在横向时间维度上具有同质性特征，在纵向截面维度上具有异质性特征。

在此基础上，本章将微观个体的风险偏好嫁接到宏观经济学经典的一般均衡模型，并通过区分金融周期正常运行阶段、金融周期波峰（过度繁荣期）和金融周期波谷（深度衰退期）三种不同环境下信贷供求双方的主导地位，有机结合了凯恩斯主义的需求决定论与新古典宏观经济学派的供给决定论，全面剖析了金融周期各个阶段内的运行机制。通过对金融周期运行机制的梳理分析发现，商业银行作为金融周期中联结信用供给与价值偏好的核心部门，对金融周期的波动具有放大传导的作用，因此，本章进一步侧重分析了金融周期中商业银行的过度风险承担。具体而言，在全面梳理商业银行风险承担渠道的基础上，构建了一个具体分析金融周期中商业银行风险偏好与商业银行过度风险承担关系的理论模型。理论模型显示，受商业银行对高收益资产的追逐影响，商业银行自身的风险偏好程度越高，商业银行对高风险产品的青睐程度越强。同时，结合我国实际经济情况对模型赋值测算的结果显示，我国民间信用融资的流向主要为高风险的资本市场，而并非我国的实体经济部门。

第五章

中国金融周期的测算与分析

5.1　中国金融周期的度量指标与测算方法

5.1.1　中国金融周期的度量指标选取

准确测算中国金融周期的前提，是寻找到能够描述融资约束与价值风险交互作用的代理指标。基于已有文献的研究成果，结合我国当前"新常态"经济的实际现状，本书分别选取了金融体系中的数量型代理指标与价格型代理指标进行严谨细致的筛选分析，从而确定能够有效描述我国金融周期的代理变量。

首先，选取数量型代理指标。其一，是私人部门的信贷规模。私人部门信贷规模是国际清算银行（BIS）按季度频率公布的一项对各国非金融信贷规模的统计数据。根据国际清算银行的定义，私人部门信贷主要包括居民信贷（包括为居民服务的非营利性组织）与非金融企业信贷这两部分。显然，它是联结一国非金融储蓄与投资的重要变量因素（Gorton and He，2008）。与此同时，在我国经济新常态下，我国金融市场的融资环境也出现了较大变化。互联网金融产

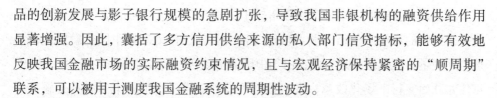

品的创新发展与影子银行规模的急剧扩张，导致我国非银机构的融资供给作用显著增强。因此，囊括了多方信用供给来源的私人部门信贷指标，能够有效地反映我国金融市场的实际融资约束情况，且与宏观经济保持紧密的"顺周期"联系，可以被用于测度我国金融系统的周期性波动。

其二，是私人部门信贷/GDP。在文献研究方面，Schularick 和 Taylor（2009）指出，信贷/GDP 的变化趋势对金融危机具有明显预警特征。Reinhart 和 Rogoff（2009）与 Cecchetti 等（2011）的研究表明，各经济部门的信贷/GDP 应存在一个阈临界值，若信贷/GDP 高过该临界值，那么就意味着该部门的债务杠杆过高，在其增加盈利的同时，这个经济部门也在不断累积风险，从而对经济波动的敏感程度增加，风险的抵御能力下降。此外，Borio 和 Drehmann（2009）的研究发现，信贷/GDP 作为宏观经济中杠杆的近似测量，可以被当作间接检验金融系统吸收损失能力的指标。而在对我国金融市场的实际分析方面，私人部门信贷/GDP，还能够在一定程度上反映后危机时代我国存在的超额货币供给问题（Excess Supply for Money）。因此，私人部门/GDP 这一指标，既能够体现我国金融约束状况，又能够在一定程度上反映我国金融市场的风险抵御能力，是合成我国金融周期的理想指标之一。

其次，选取价格型代理指标。根据 Dell'Ariccia 等（2008）、Drehmann 等（2012）与 Claessens 等（2012）对全球主要经济体金融周期测算指标的选取，房地产价格和股票价格是体现价值风险偏好最为普遍的两个价格型指标。其中，对于房地产价格，一是它作为最常见的信用抵押价格，能够与信贷形成交互作用体制，体现价值风险认知与融资约束的加速器效应，量化描述金融周期的核心概念。二是它可以近似测量资产价格在出现损失之后，实现均值回归的可能性以及回归过程中的大致调整幅度。三是由于资产价格均值回归是对经济体吸收能力的辅助检验（Alessi and Detken，2009），因此，房地产价格可以与数量指标中的信贷/GDP 一同被用于我国金融市场波动周期的检验，以减少金融周期测算结果的误差与扰动。具体而言，二者同时正向偏离常态，表明金融周期处于繁荣阶段；同时负向偏离常态，表明金融周期处于萧条阶段。对于股票价格，Claessens 等（2012）在其研究中发现，股票价格可以作为房地产价格的高频补充，体现一国金融市场的价值风险偏好，用于分析一国金融市场的周期性波动。

综上，本书选取了数量型代理指标中的私人部门信贷与信贷/GDP，以及价格型指标中的房地产价格和股票价格等四个指标，作为测算中国金融周期的备选单项变量。在数据处理方面，由于中国的房地产市场及证券市场自20世纪90年代才开始实行市场化改革，限于数据可得性要求，本书将中国测算金融周期的数据区间设定为1996年第一季度至2015年第四季度。此外，周期波动问题的研究通常分为，对经济总量绝对水平波动的古典经济周期研究和对经济总量增长率波动的增长率周期研究两类。而在数据选取的时间段内中国的经济总量几乎一直呈上升趋势，因此更应关注其增长率的周期性波动，故本书测算的是各变量的增长率周期。其中信贷总量指标采用BIS公布的私人部门信贷总量；信贷/GDP采用的是BIS私人部门信贷总量与我国名义GDP的比值；房地产价格指标采用全国范围内各种类型商品房销售价格；股票价格指标采用上证综指。数据来源为BIS统计数据和CEIC数据库。为保证测算结果横向可比性，本书对各名义变量的季度数据进行了统一度量处理，将各变量1996年第一季度设为基期，基期值设为100；使用CPI平减，将名义变量转化为实际变量，并通过X－12季节调整剔除季节因素和不规则因素。

5.1.2　中国金融周期的测算合成方法

（一）周期测算方法

周期的测算关键是能够从各数量型或价格型指标的时间序列中，合理剔除杂乱无章的高频噪声与潜在的低频趋势，保留并提取出其真实的周期性波动成分。对时间序列而言，其随机扰动成分通常并不具有任何实际波动规律，而长期趋势成分则往往是由其潜在发展因素决定，与实际关注的经济政策等短期冲击无关，因此只有最终提取的真实的周期波动成分才是周期研究中值得分析探讨的部分。截至目前，使用范围最广、使用频率最高的周期识别方法分别为转折点法（Turning Point Method）与滤波方法（Filter Method）。

其一，转折点法属于经典周期研究领域的测算方法，它是由美国国家经济研究局（NBER，1946）最早提出，经 Bry 和 Boschan（1971）及 Harding 和 Pagan（2002）的改进后而沿用至今。转折点法的优点是能够保全所有数据信息，不会存在过度识别等问题。但因其只能识别原始序列的波峰波谷、缺乏平滑机制与剔除杂音的功能，对周期研究的贡献相对受限。

本书利用转折点法测算中国金融周期时，采用的是 Harding 和 Pagan（2002）改进后的方法。测算具体分为两步：第一步先确定窗口长度，第二步制定规则、寻找波峰与波谷。对于中国金融周期的测算，本书将窗口长度设定为 9 个季度，波峰波谷的判定规则为

$$\begin{cases} Y_t \text{为波峰,如果 } \Delta Y_{t,t-i} > 0, \forall i \in [-4,-3,-2,-1,1,2,3,4] \\ Y_t \text{为波谷,如果 } \Delta Y_{t,t-i} < 0, \forall i \in [-4,-3,-2,-1,1,2,3,4] \end{cases} \quad (5.1)$$

同时，为保证中国金融周期的合成结果隶属中周期范畴，本书在运用转折点法寻找波峰波谷时，对于规则（5.1）寻找出的极值点，其还需额外满足相邻两个"峰—峰"（"谷—谷"）之间至少相隔 5 年（40 个季度）的条件，才是本书转折点法最终确定的波峰或波谷。

其二，滤波方法是现代周期研究领域的测算方法。随着现代周期理论的发展，滤波技术的诞生与完善大大弥补了传统转折点法的不足。滤波方法通过将各个变量因素的时间序列视作互不相关的周期（频率）分量的叠加，针对这些时间序列在不同频率域（Frequency Domain）内的结构特征，提取周期要素而去掉趋势要素和随机波动要素，完成对时间序列的分解，因此具有其他方法所无法企及的优势，被广泛运用在宏观经济的周期研究中。在这其中带通滤波（Band-Pass filter，以下简称 BP 滤波）方法因具有可以同时剔除随机误差或噪声构成的高频成分以及长期趋势对应的低频成分的特性，能够更好地捕捉经济时间序列中的特定循环成分，因此本书选用了 BP 滤波方法进行周期测度。

本书采用 Christiano 和 Fitzgerald（2003）的 BP 滤波方法，用频率ω_i的形式表示时间序列x_t，如方程：

$$x_t = a_0 + \sum_{i=0}^{n} \left\{ \alpha_i \cos(w_i t) + \beta_i \sin(w_i t) \right\} + e_t \quad (5.2)$$

特定时间序列 x_t 具有不同的频率组成成分，我们令 y_t 代表由对原始时间序列 x_t 应用带通滤波 y_t 后产生的数据，通过最小化误差均方的方法使 y_t 逼近 $\hat{y}_t$，即最小化 $E\left[(y_t - \hat{y}_t)^2 \mid x\right]$。

为了分离 x_t 在频率带 p_l 与 p_u 之间的成分，$\hat{y}_t$ 被计算为

$$\hat{y}_t = B_0 x_t + B_1 x_{t+1} + \cdots + B_{T-1-t} x_{T-1} + \tilde{B}_{T-1} x_T + B_1 x_{t-1} + \cdots + \tilde{B}_{T-1} x_1, t = 3, \cdots, T-2$$

$$(5.3)$$

其中，$B_j = \dfrac{\sin\ (jb)\ -\sin\ (ja)}{\pi j}$，$j \geqslant 1$，$B_0 = \dfrac{b-a}{\pi}$，$a = \dfrac{2\pi}{p_u}$，$b = \dfrac{2\pi}{p_l}$。在应用滤波

$\hat{y}_t$ 之后，x_t 在低频与高频滤波带之间的组成成分将被提取出来，其余的信号将被滤波排除。

对于滤波参数的选择，本书基于对 4.1 节金融周期基本概念及典型特征的理解，将滤波频段选取在中周期范围内。主要基于以下两个原因：一方面，是因为金融因素的"顺周期性"（Brunnermeier et al.，2009；Adrian and Shin，2010）。理论上，在经济繁荣期，信贷扩张与资产价格上升交互影响会进一步推动繁荣，甚至产生泡沫；而经济一旦受到冲击开始衰退，资产价格下降迫使银行紧缩信贷会加重实体经济的衰退或者延缓经济的复苏。因此金融周期的周期长度相比传统经济周期会有所增加。同时 Drehmann 等（2012）的实证结果也表明，由于短期滤波中市场信息的随机噪声过多往往会干扰对金融因素的周期性波动因素的提取，故信贷与房地产价格在中期的联动性要高于短期。另一方面，BIS（2014）与 Borio（2014）在对金融周期的特征描述中都曾指出，中周期的金融周期的波动性要高于短周期的经济周期，而在滤波的技术层面，波动性恰是衡量滤波分量刻画时间序列变量动态好坏的重要标准。因此，本书将用于测算中国金融周期的各变量滤波参数的下限 p_l 设定为 32Q，基于滤波上限 p_u 不能超过数据长度的原则将中国 BP 滤波参数 p_u 设定为 80Q。[①]

（二）周期合成方法

现有文献通常利用单变量合成一国金融周期时，通常只简单地取多个单变量的中值或平均值作为最终测算金融周期的指标（Drehmann et al.，2012；BIS，2014），这种粗略单一的计算过程可能会降低指标合成的质量。为了提高单因素合成周期的质量，本书在合成中国金融周期时，同时加入了多维数据降维质量最高的主成分分析法（Principal Components Analysis，PCA），在剔除单因素重复

---

① 32Q 为短周期的上限，80Q 为我国全部的样本长度。

性信息的同时，实现对各单变量关键信息的提取降维。主成分分析法的基本原理如下：

假设随机向量 $\mathbf{X} = (X_1, X_2, \cdots, X_p)'$ 是由 p 个随机变量 $X_1, X_2, \cdots, X_p$ 构成的，而向量 $\mathbf{X}$ 的具体含义为包含 p 个信息的经济问题。设随机向量 $\mathbf{X}$ 的均值向量为 μ，协方差矩阵为 $\sum$。设 $\mathbf{Y} = (Y_1, Y_2, \cdots, Y_p)'$ 是对随机向量 $\mathbf{X}$ 的线性变换组合，则，$\mathbf{X}$ 与 $\mathbf{Y}$ 的关系为

$$\begin{pmatrix} Y_1 \\ Y_2 \\ \vdots \\ Y_p \end{pmatrix} = \begin{pmatrix} a_{11} & a_{12} & \cdots & a_{1p} \\ a_{21} & a_{22} & \cdots & a_{2p} \\ \vdots & \vdots & \ddots & \vdots \\ a_{p1} & a_{p2} & \cdots & a_{pp} \end{pmatrix} \begin{pmatrix} X_1 \\ X_2 \\ \vdots \\ X_p \end{pmatrix} \tag{5.4}$$

设 $\boldsymbol{\alpha_i} = (\alpha_{i1}, \alpha_{i2}, \cdots, \alpha_{ip})'$，$\mathbf{A} = (\boldsymbol{\alpha_1}, \boldsymbol{\alpha_2}, \cdots, \boldsymbol{\alpha_p})$，则有

$$\mathbf{Y} = \mathbf{AX}, i = 1, 2, \cdots, p$$

$$\mathrm{var}(Y_i) = \boldsymbol{\alpha_i}' \sum \boldsymbol{\alpha_i}, i = 1, 2, \cdots, p \tag{5.5}$$

$$\mathrm{cov}(Y_i, Y_j) = \boldsymbol{\alpha_i}' \sum \boldsymbol{\alpha_j}, i, j = 1, 2, \cdots, p$$

根据表达式（5.4）和式（4.5）可以看出，可以对原始向量 $\mathbf{X}$ 进行不同的线性变换，所得到的合成向量 $\mathbf{Y}$ 的统计特征是不一致的。而主成分分析法的目的是使每个 Y_i 应尽可能多地反映原始的 p 个变量 $X_1, X_2, \cdots, X_p$ 的信息。而通常用方差来度量"信息"，Y_i 的方差越大，表示其所包含的信息越多。根据等式（5.5）可以看出，系数向量 α_i 的扩大倍数会影响 Y_i 的方差大小。为了消除这种不确定性，可以增加约束条件：$\alpha'_i \alpha_i = 1$。同时，为了保证主成分分析法能够有效地反映原始变量的信息，$\mathbf{Y}$ 的不同分量所包含的信息应当不重叠。综上，关系式（5.4）的线性变换需要满足下面的约束：

第一，$\alpha_i' \alpha_i = 1$，即 $\alpha_{i1}^2 + \alpha_{i2}^2 + \cdots + \alpha_{ip}^2 = 1, i = 1, 2, \cdots, p$。

第二，Y_1 在满足 $\alpha_i' \alpha_i = 1$ 的情况下，方差最大；Y_2 在满足约束 $\alpha_i' \alpha_i = 1$，与 Y_1 不相关的条件下，其方差最大；……；Y_p 在满足约束 $\alpha_i' \alpha_i = 1$，与 $Y_1, Y_2, \cdots, Y_{p-1}$ 不相关的条件下，在各种线性组合中方差最大。

满足上述约束得到的合成变量 $Y_1, Y_2, \cdots, Y_{p-1}$ 分别称为原始变量的第一主成分、第二主成分、……、第 p 主成分，而且各成分方差在总方差中占的比重依次递减。

5.2 中国金融周期的测算结果

5.2.1 单因素的周期滤波分解

在这一节中，本书主要采用滤波方法对描述中国金融周期的数量型与价格型单变量因素进行筛选分析，同时以转折点法作为单因素分析的稳健性检验。首先，本章对 1996 年第一季度至 2015 年第四季度中国的信贷总量、信贷/GDP、房地产价格以及股票价格四者的增长率分别进行了 32Q～80Q 滤波频段的 BP 滤波分解处理，提取出中周期波动成分，结果如图 5.1 所示。从单因素的滤波分解图可以看到，中国的信贷总量、信贷/GDP 和房地产价格三者呈现出较强的一致性，而股票价格的波动频率则明显更高。由此本书可以得出初步结论，即信贷总量、信贷/GDP 与房地产价格三者在中周期的波动中存在较好的联动协同性。

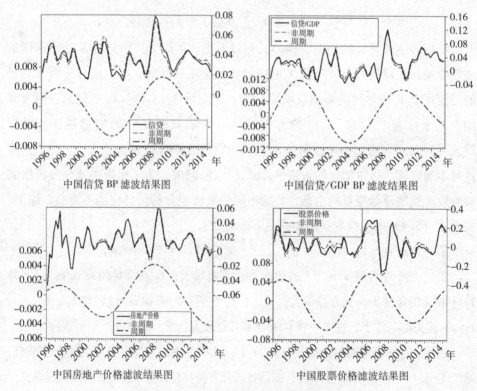

图 5.1　中国金融周期的单变量滤波结果

其次，表5.1列出了分别使用滤波方法与转折点法测算而得的单因素波峰波谷结果。根据表5.1，股票价格的波峰波谷与其他三个变量存在较大的差异。样本期内，股票价格存在三个波峰与两个波谷，而其他三个变量均为两个波峰，一个波谷。此外，滤波方法与转折点法对单因素波峰波谷的度量结果呈现出较强的一致性，说明度量结果的稳健性较好。表5.1是单因素波动程度的测算结果。其一，对于单因素的波动幅度而言，股票价格在上行期内的波幅大于下行期内的波幅；而除股票价格之外的其余三个单变量指标，均呈现出上行期的波动幅度小于其下行期。[①] 其二，对于波动的不对称性而言，股票价格的波动不对称指数大于单位1，其他三个单因素的波动不对称指数均小于1。其三，对于单因素的周期波动性大小而言，股票价格的波动标准差与其他三个因素相差了一个数量级，可见股票价格的周期性波动频率明显高于其他三个指标。表5.3为各单变量经BP滤波分解后测算出的波动周期长度。在所有数量型与价格型的变量指标中，最短的是股票价格，为35.5个季度，不足9年；最长的是房地产价格，为43个季度，接近11年。私人部门信贷规模、信贷/GDP与房地产价格三个因素的周期长度较为一致，均在10~11年的范围内，属于中周期范畴；而股票价格的周期长度则更接近于短周期。表5.1至表5.3的结果显示，在波峰波谷、波动幅度与周期长度三个维度上，股票价格与其他三个变量的协同性较差。因此，本书可以得出结论，基于对单因素的中期低频相关稳定性分析，股票价格不适合被用于合成中国金融周期的测算当中，而这一结论与Drehmann等（2012）对七大工业样本国的测算结果保持一致。

表5.1　　　　　　　　　　**单变量因素周期波动的波峰波谷**

单因素	滤波方法		转折点法	
	波峰	波谷	波峰	波谷
信贷	1998Q2 2009Q3	2004Q1	1997Q4 2009Q4	2003Q1
信贷/GDP	1999Q2 2009Q4	2004Q4	1998Q4 2009Q4	2004Q2

---

① 本书将从波谷到波峰的波动阶段定义为"上行期"，将从波峰到波谷的波动阶段定义为"下行期"。

续表

单因素	滤波方法		转折点法	
	波峰	波谷	波峰	波谷
房地产价格	1997Q3 2008Q3	2002Q3	1998Q1 2009Q1	2003Q2
股票价格	1997Q1 2007Q1 2015Q2	2001Q4 2011Q3	1997Q2 2007Q3 2015Q2	2002Q2 2011Q3

表 5.2 单变量周期波动性特征表

单因素	周期波动幅度 （变化幅度）		周期波动不对称性 （上行/下行）	标准差 （波动性大小）
	上行期	下行期		
信贷总量	201.87%	−253.17%	0.797	0.00377
信贷/GDP	177.65%	−192.55%	0.923	0.00661
房地产价格	239.99%	−337.74%	0.711	0.00248
股票价格	204.72%	−196.13%	1.044	0.03741

注：（1）变量周期波动幅度的变化幅度对于上行期指从波谷至波峰的变化幅度，下行期指变量从波峰至波谷的变化幅度。若存在多个上行期或下行期，则对多期取均值。（2）周期波动不对称性是指上行期波动幅度的绝对值/下行期波动幅度的绝对值。

表 5.3 单变量周期长度特征表

单因素	周期持续时间（季度数）		
	上行期	下行期	整周期（峰—峰）
信贷	22	23	41
信贷/GDP	20	22	42
房地产价格	30	20	40
股票价格	18	18.5	36

5.2.2 单因素的协同性分析

上一节中，本书通过对单因素在中期低频范围内的稳定性表现得出结论，认为股票价格不适合用于中国金融周期的合成测算。在这一节中，为进一步考察中国金融周期的刻画指标的稳健性，本书将对四个单因素指标进行协同性分析。

在 Harding 和 Pagan（2002）的基础上，本书通过构建一致性指数，对各个变量之间的协同性进行量化识别。具体而言，设在时间 $t = 1,2,3,\cdots,T$ 内，变量 α 与变量 β 之间的一致性指数用 $\rho_{\alpha\beta}$ 表示，则一致性指数的定义为

$$\rho_{\alpha\beta} = \frac{1}{T} \sum_{t=1}^{1} \left[\rho_t^\alpha \rho_t^\beta + (1 - \rho_t^\alpha)(1 - \rho_t^\beta) \right] \tag{5.6}$$

其中，$\rho_t^\alpha = \begin{cases} 0, \text{当} \alpha \text{处于下降阶段} \\ 1, \text{当} \alpha \text{处于上升阶段} \end{cases}$；$\rho_t^\beta = \begin{cases} 0, \text{当} \beta \text{处于下降阶段} \\ 1, \text{当} \beta \text{处于上升阶段} \end{cases}$。

一致性指数实质上计算的是，两个时间序列同时处于上升期或同时处于下降期占总样本的比重，并以此衡量两个不同变量之间的协同一致性。如果一致性指数趋近于 1，则表明这两列序列几乎是同周期的，即同向波动；如果一致性指数趋近于 0，则表明这两列序列几乎是逆周期的，即反向波动；如果一致性指数趋近于 0.5，则说明这两列序列几乎是彼此独立互不相关的。一般而言，当一致性指数大于 0.7 时，可以认为两个时间序列之间存在较强的协同性。

具体而言，在对中国金融周期单因素的协同性分析中，本书令波谷—波峰的波动阶段为上行期，对处于上行期的单因素赋值 1；令波峰—波谷为下行期，对处于下行期的单因素赋值 0。从而，本书可以量化分析四个单因素两两之间的一致性大小，具体测算结果如表 5.4 所示。根据表 5.4，信贷、信贷/GDP 与房地产价格两两计算的一致性指数分别为 0.897、0.833 与 0.731，三者中任意两者的一致性指数均在 0.7 以上，可见，这三个单因素之间存在较强的协同一致性。与此同时，股票价格与其他三个变量之间的一致性指数分别为 0.538、0.436 与 0.705，三者中只有与同为价格型变量的房地产价格一致性指数大小超过了 0.7，而与数量型指标的一致性指数均在 0.5 附近，这表明股票价格与数量型指标的协同性较低，彼此几乎呈互不相关的独立状态。单变量的协同性分析结果也再次表明，股票价格与其他三个单因素的一致性较低，不应被纳入测算中国金融周期的指标之中。而信贷、信贷/GDP 与房地产价格三者之间不仅在中期低频范围内呈现出较好的稳健相关性，三者同样存在较强的协同一致性，是合成中国金融周期的理想指标。

表5.4 单因素的一致性指数结果

单因素	信贷	信贷/GDP	房地产价格	股票价格
信贷	1.000	0.897	0.833	0.538
信贷/GDP	0.897	1.000	0.731	0.436
房地产价格	0.833	0.731	1.000	0.705
股票价格	0.538	0.436	0.705	1.000

5.2.3 中国金融周期的合成结果

综合5.2.1节单因素的周期滤波分解与5.2.2节单因素的协同性分析，本书最终选取中国的私人部门信贷总量、信贷总量/GDP和房地产价格三者在32~80个季度的BP滤波分量，作为合成中国金融周期综合指标的单因素成分。之所以选择放弃股票价格这一价值风险度量指标，一方面是因为房地产价格的存在，已经在金融周期综合指标中囊括了资产价格对风险偏好的代理变量；另一方面，主要是因为股票价格的特征更趋向于短周期的波动分量。从理论角度分析，股票在私人部门（包括居民与企业）的资产配置中，属于具有较强灵活性的资产。因此，股票价格能够较早地捕获市场信息，其波动区间主要集中在相对高频的范围内。而房地产在私人部门的资产组合中属于缺乏灵活性的资产，故而房地产价格的波动性主要由中期低频成分主导。

对测算中国金融周期的三个指标——私人部门信贷总量（credit）、信贷/GDP（credit/gdp）以及房地产价格（hprice），本书利用主成分分析（Principal Components Analysis，PCA）法对其进行多因素降维，并选取累计贡献率达到80%以上的第一主成分作为测算中国金融周期的综合指标。同时本书利用均值测算方法，对主成分分析法进行了稳健性检验，即取三个单因素的均值作为PCA方法测算结果的稳健性指标。其中，由主成分分析法提取出的中国金融周期综合指标（FBC）的表达式为

$$FBC = 0.589 \times credit + 0.619 \times (credit/gdp) + 0.518 \times hprice \quad (5.7)$$

两种方法测算出的金融周期结果如图5.2所示，表5.5则进一步列出了两种方法测算出的中国金融周期的波峰波谷。根据图5.2与表5.5的测算结果可以看出，金融周期的测算结果呈现出良好的稳健性。虽然均值测算法与主成分分析

法测算的金融周期波动幅度有所差异，但两种方法测算得到的波峰波谷完全重合，因此，本书可以准确判定出中国金融周期的"繁荣期"（上行阶段）与"衰退期"（下行阶段），并以此为基础深入分析我国金融周期各个阶段的具体特征与现实含义。

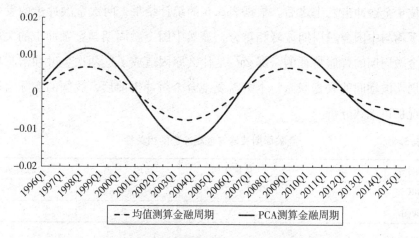

图5.2　中国金融周期测算结果（PCA分析法与均值分析法）

表5.5　　　　　　　　　　　金融周期的波峰与波谷

测算方法	波峰	波谷
主成分分析法	1998Q3、2009Q1	2003Q4
均值提取法	1998Q3、2009Q1	2003Q4

5.3　中国金融周期的特征分析与现实含义

5.3.1　中国金融周期与金融冲击的关联分析

在第四章4.1节论述金融周期典型特征时，本书曾指出，根据欧美发达经济体的历史经验，由于繁荣期内金融失衡的过度累积，在金融周期的波峰之后，很可能会紧随着爆发大规模的金融危机，即所谓"崩溃前的繁荣"。而事实上，虽然自改革开放之后，中国并没有经历过本质意义上的"金融危机"，但自20世纪90年代至今，中国也经历了两次较为明显的输入型"金融冲击"。那么，中国金融周期波峰与这两次金融冲击是否也存在着紧密联系？本节将就这一问题展开研究分析。

首先，表5.6统计了两次金融冲击发生时间与中国金融周期波峰二者间以季度为单位的时间距离，其中负数代表波峰位于金融冲击发生之前，正数代表波峰位于金融冲击发生之后。根据表5.6的统计结果，两次金融冲击的发生时间几乎均与中国金融周期波峰相重合，显然中国金融周期与金融冲击的关系是符合金融周期的普遍特征的。那么，是什么原因造成了这两次金融冲击与中国金融周期波动间的紧密联系？本书需要结合金融冲击前后，我国的实际宏观经济状况加以细致分析。

表5.6 金融周期波峰与金融冲击的相关性

金融冲击	信贷	信贷/GDP	房地产价格	金融周期
1998Q3	−2	3	−4	0
2009Q1	2	3	−2	0

中国所经历的第一次金融冲击是由1997年亚洲金融危机所引发的"输入型"冲击。在亚洲金融危机发生之前，中国当时的宏观经济正处于经济实现"告别短缺、进入过剩"的转折阶段，在这一时期，随着物资匮乏现象的消失，实体经济的运行热度远不如资本市场。20世纪90年代，中国政府开始实施对资本市场的市场化改革，居民与企业对股票与房地产等资本市场的投资热度空前旺盛，市场中的流动性不断从实体经济流向资本市场，造成当时中国的宏观经济一度处于"过热"运行状态。然而，这种蓬勃发展势头却随着1997年亚洲金融危机的全面爆发戛然而止。受亚洲金融危机的冲击，1998年中国房地产市场泡沫开始崩溃，各地信用社出现大量不良资产，1998年6月海南发展银行被迫关闭，1998年8月中国股票市场发生暴跌，同年中国出口增长率也遭受严重波及，骤降至0.5%，继而中国经济出现了1999—2001年以通货紧缩为标志的萧条期。

中国所遭遇的第二次输入型金融冲击则距离当前更近一些，是爆发于2008年的国际金融危机。在国际金融危机爆发之前，中国宏观经济表面上同样呈现一片繁荣景象。在2003—2008年这五年间，中国的国内生产总值始终保持两位数的高速增长态势，在 2007 年更是达到 11.4% 的历史峰值，作为新兴市场经济体的领头羊，中国一跃成为全球第二大经济体。然而，这一片繁荣表象却深深掩盖了经济背后金融资源的严重错配。在 2008 年前后，中国国内的金融资本主要集中于房地产和股票市场。信贷与资产价格的结合，大力拉动了中国房地产、基金、股票等风险资产行业的高速发展。与此同时，地方政府不断"以地套现"，以土地融资等负债形式拉动地方投资，中国经济形成了依靠高投资与高负债促进高增长的发展模式。2008 年国际金融危机爆发之后，因长期内需不足、过度依赖出口和负债投资等结构性失衡问题的暴露，中国经济很快遭受金融危机的输入冲击。在 2008 年"四万亿元"经济刺激政策出台之前，受外部危机的波及，中国股票市场的价格泡沫一击即破，经济增速更是连续下滑，从两位数高位接连破"8"、破"7"。

在这两次输入型金融冲击发生之前，中国宏观经济都处于繁荣运行阶段。那么，为何繁荣会如此不堪一击？事实上，正是这种繁荣的表象虚掩了其背后长期累积的结构性金融失衡。以金融周期理论视角来看，这其实是金融周期波动幅度更大、波动周期更长的具体表象。在两次冲击发生之前的繁荣期内，信贷的不断扩张导致金融市场中的融资约束不断弱化，受经济利好等预期因素影响，经济各部门的风险偏好都显著增强，导致银行体系内信贷杠杆倍数不断增加，最终造成金融资源的严重错配。而这正是金融周期中"价值风险认知"与"金融信贷约束"交互增强作用的结果。如果忽视金融周期，仅注重实体经济周期，那么看似强劲的经济产出增长就能够轻易地掩盖金融失衡与金融困境。但一旦经济遭遇外生冲击，被掩盖的问题就会变本加厉暴露出来，在金融周期加速器的作用下，将实体经济拽入深渊。因此，金融周期波峰对我国宏观经济的长期可持续发展具有重要的警示意义，政策当局在制定宏观经济政策时，不仅要关注实体经济增速，更要对金融市场的中长期波动引起重视。

5.3.2　风险偏好对中国金融周期的传导作用

在这一节中，本书将全面剖析各经济主体风险偏好对中国金融周期的传导作用。理论上，在金融周期的上行阶段，私人部门的风险偏好增加，对房地产等风险资产的投资需求上升，以房地产价格为代表的抵押品价值随之上涨，推动银行部门提升其信贷供给偏好，造成金融市场中的融资约束得以放松。与此同时，房地产价格的上涨有利于增加房地产企业对未来利润的乐观预期，从而前瞻性地提升房地产企业的风险偏好。因此，在金融周期的上行阶段内，信用扩张与资产价格上涨的交互作用，会不断刺激宏观经济走向繁荣。而一旦经济遭遇冲击由强转弱，打破了房地产价格的上升预期，进而引发抵押品价值下降，银行部门为避免承担违约风险，必然会连带降低自身的风险偏好，从而收紧信贷。除此之外，房地产价格的下跌还会降低房地产行业的前瞻性利润预期，再加之房地产企业在金融周期上行阶段内累积的信用负债，会使其在下行期更倾向修复自身的资产负债表，而非进一步扩张投资。因此，在经济由盛转衰之后，房地产企业也会降低自身风险偏好，努力压低价格去除库存。在金融周期的下行阶段内，信贷紧缩与资产价格下降将使实体经济的增长下滑进一步恶化。

在上述理论分析基础上，为进一步甄别我国当局政策因素对中国金融周期的影响，本书还考察了我国政府部门的风险偏好。而政府的风险偏好是否与金融周期的变动方向一致，则取决于一国政府或当局制定宏观经济政策时的原则与态度。如果一国政府偏向于采取逆周期的宏观审慎监管，则该政府的风险偏好应该与金融周期逆向而行；反之，如果一国政府不采取逆风的相机抉择政策，而是习惯将政策作为刺激经济的手段，那么，该国政府的风险偏好将与金融周期顺行。为分析中国各部门风险认知偏好在金融周期中的实际传导作用，本书首先确定了中国各部门风险偏好的代表性指标：

首先，选取银行部门的风险偏好指标。本书是以银行部门的总资产与总资本的比率作为银行部门的杠杆倍数，作为衡量银行部门风险偏好程度的指标。银行部门杠杆倍数增加，表明银行业信贷供给意愿的增强，意味着银行部门的风险偏好上升，银行倾向于放松对房地产企业的融资约束。

其次，对于融资需求较大且与实体经济联系紧密的房地产企业，本书选取房地产行业商品房新开工面积增长率与同期销售面积增长率之差，代表房地产企业的风险偏好。商品房新开工面积与同期销售面积的差额越大，意味着房地产企业的投资意愿越强，房地产企业倾向于通过融资借贷扩张其生产规模，这表明房地产企业的风险偏好增强。

最后，选取衡量政府机构风险偏好的指标。事实上，能够体现政府风险偏好的指标有很多，为更好地联结金融周期的各个变量，本书选取影子银行规模变化率来体现政府部门的风险偏好程度。诚然高速扩张的影子银行规模会给市场带来一定的风险，但我国的影子银行存在其一定的特殊性。由于我国影子银行体系中占比很大的一部分，实质上是由国内理财等银行表内业务被放置于表外所形成的，而这部分影子银行的扩张，事实上是处于中国银保监会的严密监管之中。因此，中国的影子银行与2008年国际金融危机期间美国所提及的负面含义的影子银行不尽相同。所以，尽管我国影子银行蕴含了一部分金融风险，但其存在还是有一定积极意义的。特别是在经济下行压力较大的时期内，我国影子银行的存在有利于支持实体经济发展。理论上，我国监管当局对影子银行采取的是相对中性的立场。我国的监管当局一直致力于引导影子银行中的资金流向实体经济、服务实体。所以，影子银行的规模可以被看作我国货币当局风险偏好的代理指标。影子银行规模增加得越快，意味着我国政府的风险偏好越强。

进而，本书首先根据 Christiano 和 Fitzgerald（2003）提出的 BP 滤波方法［式（5.8）］，分别对我国银行部门风险偏好（RA_b）、房地产企业风险偏好（RA_h）与政府部门风险偏好（RA_g）指标进行了滤波分解。基于各部门风险偏好的数据可得性，本书将样本区间的起始点设置为中国第二次金融周期的开端2004年第一季度，样本区间为2004年第一季度至2015年第四季度，滤波频段为 32Q ~ 50Q。利用滤波分解，本书将三部门风险偏好在 $p_l = 32Q$ 与 $p_u = 50Q$ 波动频段之外的噪声信号与趋势信息过滤剔除，提取出三者在中期低频范围内的周期性波动成分，同时将三者的滤波分解结果与本书第三章3.3节测算的中国金融周期进行了比较分析，滤波对比结果如图5.3所示，周期波峰波谷对比结果如表5.7所示。

$$\hat{RA}_{i,t} = B_{i,0}RA_{i,t} + \cdots + B_{i,T-1-t}RA_{i,T-1} + \tilde{B}_{i,T-1}RA_{i,T} + B_{i,1}RA_{i,t-1} + \cdots + \tilde{B}_{i,T-1}RA_{i,1}$$

$$B_{i,j} = \left[\sin(jb) - \sin(ja) \right]/\pi j, j \geqslant 1, B_0 = (b-a)/\pi, a = 2\pi/p_u, b = 2\pi/p_l$$

$$(5.8)$$

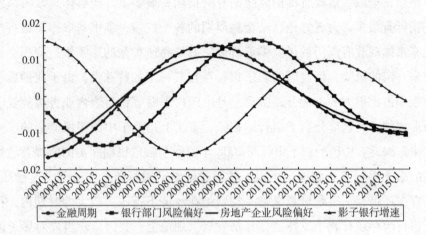

图 5.3   各部门风险偏好滤波结果与金融周期对比图

表 5.7   各部门风险偏好的波峰波谷

指标	波峰	波谷
金融周期	2009Q1	2003Q4
银行部门风险偏好	2010Q3	2005Q4
房地产企业风险偏好	2009Q2	2003Q4
影子银行增速	2012Q4	2008Q2

其次，在滤波分解结果基础上，本书进一步根据 Harding 和 Pagan（2002）构建了一致性指数［式（5.9）］，从而量化分析各部门风险偏好与中国金融周期的协同性，结果如表 5.8 所示。具体而言，设在时间 $t = 1,2,3,\cdots,T$ 内，风险偏好变量（RA）与中国金融周期（FC）之间的一致性指数用 $\rho_{RA,FC}$ 表示，则二者之间的一致性指数可定义为

$$\rho_{RA,FC} = \frac{1}{T} \sum_{t=1}^{1} \left[\rho_t^{RA} \rho_t^{FC} + (1 - \rho_t^{RA})(1 - \rho_t^{FC}) \right] \tag{5.9}$$

其中，$\rho_t^{RA} = \begin{cases} 0, & \text{当} \rho_{RA} \text{处于下降阶段} \\ 1, & \text{当} \rho_{RA} \text{处于上升阶段} \end{cases}$; $\rho_t^{FC} = \begin{cases} 0, & \text{当} \rho_{FC} \text{处于下降阶段} \\ 1, & \text{当} \rho_{FC} \text{处于上升阶段} \end{cases}$ 。

表 5.8　　　　　　　　　各部门风险偏好与金融周期的协同性分析结果

指标	金融周期	银行部门风险偏好	房地产企业风险偏好	政府部门风险偏好
金融周期	1.000*	0.816*	0.937*	0.165
银行部门风险偏好	0.816*	1.000*	0.795*	0.319
房地产企业风险偏好	0.937*	0.795*	1.000*	0.135
政府部门风险偏好	0.165	0.319	0.135	1.000*

注：一致性指数越趋近于 1，说明两个变量之间的协同性越好。一般而言，一致性指数大于 0.7，可以认为两个时间序列之间存在较强的协同性，在表格中用 * 表示。

根据滤波分解对比结果与一致性指数的测算结果，本书可以得出以下结论：

其一，房地产企业部门的风险偏好呈现出完全的"顺金融周期"特征。尽管图 5.3 中房地产企业风险偏好与中国金融周期的中期低频滤波结果显示，二者之间存在微小的波动性差异，但二者波动周期的形状与波峰波谷均呈现出显著的相似性。同时，表 5.8 测算结果显示，房地产企业风险偏好与中国金融周期一致性指数高达 0.937，说明二者具有极强的协同性。由此可见，中国房地产企业的风险偏好在我国金融周期中具有重要的传导作用。事实上，房地产企业的价值风险认知的确存在与我国金融市场融资约束的交互增强作用。根据表 5.7，房地产企业风险偏好的波峰出现在 2009 年第二季度。而在 2008 年底，为缓解国际金融危机对我国的冲击影响，以及外需锐减对我国经济产出增速的负面效应，我国政策当局出台了"四万亿元"经济刺激计划。此后，宽松的融资约束环境刺激了房地产企业的盈利预期，提升了房地产企业的风险偏好。与此同时，各地政府以地套现等措施又进一步助推了企业部门价值风险认知与金融市场信贷供给的相互作用，致使房地产企业风险偏好在中国金融周期运行当中起到了重要的传导作用。

其二，银行部门风险偏好呈现次强的"顺金融周期"特征。根据图 5.3，虽然银行部门风险偏好的中期低频滤波结果与中国金融周期的波动幅度相似度较高，但二者的波动频率存在一定的错位，波动对称性也具有一定区别。与此同时，结合表 5.7，相比于房地产企业风险偏好，银行风险偏好的波峰波谷与中国金融周期的波峰波谷二者间的差异显著。相比于房地产企业风险偏好与金融周期的同比波动性，银行部门风险偏好较之金融周期则存在明显的滞后性。这表明，银行部门风险偏好在金融周期传导机制中的灵敏性弱于企业部门。表5.8协同性分析结果显示，银行部门风险偏好与中国金融周期一致性指数为0.816，明显低于房地产企业风险偏好与金融周期一致性指数。此外，银行部门风险偏好的滞后性也在一定程度上反映出银行体系对我国金融系统稳定性的重要意义。以2007年美国次贷危机中雷曼兄弟事件（Lehman Brothers）为例，这家具有百年历史的全球金融巨头，在次贷危机之前，拥有连续四年净利润创历史新高的优秀业绩。然而，受次贷危机信贷市场严重萎缩的影响，2008年雷曼兄弟频爆巨额亏损，在挽救无力的无奈之下，于当年9月正式宣告破产。表面来看，大规模次级信贷是造成雷曼兄弟破产的罪魁祸首。但实际上，雷曼兄弟糟糕的资产负债表，恰恰反映出的是其在危机之前乃至危机当中过高的价值风险偏好。不同于金属货币本位时代，在信用本位的货币制度下，商业银行是具有货币创造属性的。因此，商业银行如果不能够对金融危机产生警觉意识，其过高的风险偏好甚至还对危机具有蔓延传递的作用，那么这将对一国金融系统的稳定性造成巨大的创伤与破坏。

其三，我国政府部门的风险偏好呈现出较强的"逆金融周期"特征。在图5.3中，我国政府部门风险偏好的中期低频滤波结果与中国金融周期呈现出明显的逆向波动特征，且结合表5.7，在2008—2009年，二者的波峰波谷几乎呈完全相反的对应趋势。与此同时，根据表5.8的测算结果，我国政府部门的风险偏好与中国金融周期的一致性指数仅为0.165，近乎为0，根据Harding和Pagan（2002）对一致性指数的定义，这意味着政府部门风险偏好与金融周期呈现几乎完全相反的波动趋势。因此，对中国政府部门风险偏好的实证结果表明，我国政府采取的是审慎性的逆周期宏观调控政策，在中国金融周期的运行机制中，中国政府的行为并不会加重我国金融系统的波动程度。

综上，本书对我国主要经济部门的风险偏好与金融周期运行机制的实证结论归纳如下：首先，我国房地产企业对金融周期的风险感知程度最为敏锐，在周期下行阶段内会迅速进行去杠杆降低风险偏好；其次，银行部门的风险偏好对金融市场的风险反馈则相对滞后；最后，我国政府部门几乎是出于逆周期的宏观调控目的，令影子银行规模在金融周期下行阶段内扩张以增援实体经济的发展。

5.3.3　中国金融周期的现实含义

　　金融周期对于经济学家认识我国经济增长的可持续性具有重要理论意义。在准确测算金融周期的基础上，对金融周期的现实含义加以分析阐释，这对于我国政策当局防范金融危机、制定宏观经济政策也具有重要实际意义。根据传统的宏观经济学理论，政策当局主要根据短期的经济波动制定政策方针。然而，如果当局没有意识到金融周期比经济周期持续时间更长，且波幅更大的特征，就有可能仅遏制了短期衰退，却忽略了持续积累的金融失衡。未受抑制的金融繁荣会带来更大的经济衰退。因此，审慎的货币政策和财政政策需要同时关注金融周期的波动，在金融繁荣期建立缓冲，在金融崩溃期稳定金融体系，防止存量问题演变成持续而严重的流量问题。

　　首先，"脆弱性繁荣"是中国金融周期上行阶段的现实含义。如图 5.4 所示，自 2002 年结束上一轮经济低谷期，中国宏观经济自 2003 年起开始了长达五年的高速增长期，2003 年至 2007 年我国 GDP 一直保持两位数的高增长率，在 2007 年更是达到其历史增长高峰，然而在这段典型的繁荣期内，国内的宏观经济环境也呈现出以下脆弱性特征，为之后的危机埋下了伏笔。

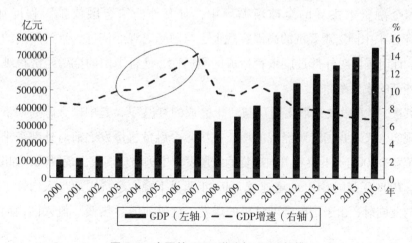

图 5.4　中国的 GDP 增速与 GDP 规模

　　第一，在经济高速增长的繁荣背后，我国经济的结构性矛盾日益凸显，投资、消费之间的比例失衡加剧，国内购买力严重不足，本应成为经济增长主要动力的国内消费需求长期低迷，同期的国内储蓄率却在大幅攀升，金融资本日益过剩，过剩的信贷主要与房地产、股票等风险资产相结合，带动中国房地产与风险资本行业的高速发展，造成房地产与股票价格短期内骤升，出现资产价格泡沫。这是明显的经济上行期内金融繁荣的过程，在 2003 年至 2008 年，随着我国信贷总量的不断扩张以及房地产价格的不断上涨，银行业与房地产企业的风险偏好也呈现出顺周期的上升趋势。信贷扩张、风险偏好增加与资产价格高速上涨三者之间的作用交互增强。

第二，中国的地方政府在 2002 年之后对土地开发和扩大地方建设规模的热情空前高涨，在 2003 年开始的这一轮宏观环境利好背景下，地方政府与银行之间"以地套现"，客观地推动了城市的扩张，带动了房地产行业的暴利，使其成为过剩资本集中涌入的领域，同时这些非生产性的投资还造成了政府不承担风险和责任的大规模的负债，鉴于中央也不能承担这种不断累积的地方负债，货币的大规模增发不得已成为唯一的解决手段。在地方政府"以地套现"的整个过程中，经济的高速增长是由高投资加高负债形成的，增长的脆弱性显而易见。

第三，随着中国对外开放程度的不断加深，中国对外贸易的主要动力逐渐由国内产能过剩转变为外部需求，在金融体系上，中国进一步融入由美国等核心国家金融资本主导的全球新循环中，对海外的"金融依赖"程度加深，2003 年以来中国宏观经济的高涨客观上也与国际宏观经济进入景气周期的步调一致。此时国内对外部过度依赖造成的脆弱性，使得中国的金融经济很难抵御来自外部的输入型冲击。

其次，"刺激政策消化期"与"未完成的衰退"①，是中国金融周期下行阶段的现实含义。我国宏观经济的增长在国际金融危机爆发之前对外部需求存在过度依赖，2007 年下半年美国次贷危机爆发，中国出口规模出现锐减，如图 5.5 所示。2008 年我国 GDP 的增速较 2007 年明显下降，经济周期步入增速下降阶段，与此同时，由于国际金融危机的爆发，危机前因"热钱"流入国内而被拉

---

① "未完成的衰退"是 Borio（2014）提出的概念。"未完成的衰退"是指由于金融因素对经济波动具备放大作用，因此金融周期的下行阶段通常大于传统经济周期的衰退期。尽管事实上中国并没有出现严格意义上的衰退现象，但因中国这一时期的宏观经济表现与 Borio 描述的其他国家金融周期衰退阶段的特征十分相似，因此我们在这里沿用了这一名词。

升的资本产品价格随着"热钱"的流出也受到了较大冲击，中期滤波结果显示，2008 年第一季度之后，房地产价格增速开始进入下行阶段，而房地产企业由于受到整体经济不景气以及房地产价格下降的双重负面影响，从中期来讲其风险的偏好也开始由强转弱。信贷总量增长率的回落与银行业风险偏好的下降稍晚于金融周期整体，这是因为中国政府为应对 2008 年输入型金融冲击，在 2008 年底至 2010 年底实施了"四万亿元"经济刺激政策，试图利用财政投资带动内需增长，"四万亿元"政策最直接的效用是延缓了银行业资产负债表的衰退。

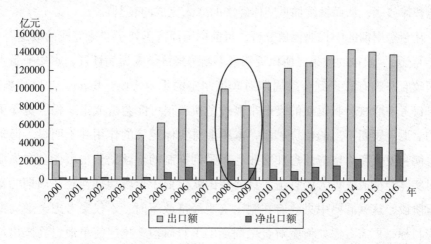

图 5.5　中国出口规模与净出口规模

　　2009 年至 2012 年，银行业风险偏好以及影子银行增长率都呈现出不同程度的逆金融周期特征。"四万亿元"政策出台之后，直接刺激了信贷在短期内进一步扩张，从而使得银行业的风险偏好在危机期间不降反升，而地方政府通过启动基础设施建设拉动内需，设立政府融资平台筹集资金，促使影子银行急速扩张。这表明，危机期间影子银行的扩张对实体经济短期内的复苏起到了促进作用，同时也体现出政府为恢复经济而采取的逆周期宏观审慎态度。联系中国经济周期的实证结果，"四万亿元"刺激政策使中国经济在 2009 年至 2010 年出现了短暂的复苏迹象。短期内来看，"四万亿元"刺激政策似乎帮助中国经济渡过了这次金融冲击。

　　然而，中国经济增速乏力的趋势是否真的就此终结并转向复苏了？我们发现事实并非如此。理论上，在经济正常下行期内，若政府宽松性审慎政策力度过大，在放宽信贷刺激经济复苏的同时，也会造成资产价格的上涨，严重时甚至会产生价格泡沫，这时看似经济已然向好运行，但实质上却不利于经济的正常发展。从实际情况来看，尽管"四万亿元"政策实施后我国影子银行规模急剧扩张，2010年"四万亿元"政策结束之后，貌似向好的宏观经济却突然调转方向，又进入了新一轮下行区间，政府大力度推进的基础设施建设也没能有效扭转整体固定资产投资放缓的势头，商品房销售价格回落导致房地产行业整体呈现出低迷状态，房地产企业风险偏好明显降低，由此也导致近年来中国信贷增速整体放缓，从而继续加重实体经济的"未完成的衰退"。

从金融周期的中长期视角分析，目前中国经济仍处于"未完成的衰退"中。"四万亿元"政策的效果之所以近年来不断为经济学家诟病怀疑，本质上是由于中国政府并没有意识到金融周期对政策制定的重要影响。Borio（2014）指出，如果仅考虑通过遏制短期的衰退来渡过危机，很可能会造成未来程度更深更严重的衰退。短期不当的信贷扩张，本质上对实体经济的作用并不明显，但却极有可能会使资产价格泡沫愈加膨胀，未受到抑制的金融繁荣很可能会在崩溃之后对实体经济造成更大的打击。目前我国就正处于金融周期与经济周期的双重下行阶段，这就需要中央政府在制定宏观经济政策时，不仅要考虑金融周期的相应目标，更需考虑如何应对金融周期的下行阶段，比起简单地提高产出增长率，在双重下行的叠加期，我们更需要反思繁荣时期对潜在产出与潜在产出增长率的估值是否过高，繁荣时期是否存在明显的资本存量与劳动力资源的错配，只有解决清楚上述问题，才能真正实现新常态下中国经济的健康持续发展。

5.4　本章小结

在第四章金融周期基本概念与运行机制理论研究基础上，本书在这一章中，系统测算了中期低频范围内的中国金融周期，详尽阐述了中国金融周期的典型特征，全面解读了中国金融周期的现实含义。

首先，本章依据第四章金融周期的理论概念，选取出用于测算中国金融周期的备选因素，通过单因素的周期分解与一致性指数的协同性分析，本书确定出信贷总量、信贷/GDP与房地产价格这三个指标作为合成中国金融周期的代理指标。同时，本书综合采用滤波分解（Filter）、转折点（Turning Point）、均值测算与主成分分析（PCA）等周期测算的经典方法，完整系统地测算了中期低频范围内的中国金融周期。研究结果显示，在 1996—2015 年，中国金融周期存在两个明显的波峰，"峰—峰"之间测算的中国金融周期长度为 10.5 年。

其次，本章深入分析了中国金融周期的典型特征。第一，通过对中国金融周期与金融冲击二者间关系的研究发现，20 世纪 90 年代之后，中国在 1997 年和 2008 年遭遇了两次输入型金融冲击，而中国两个金融周期波峰几乎分别与这两次金融冲击的发生时间相吻合。这表明，金融周期的波峰可以被用作我国金融冲击爆发前的预警指标，且金融冲击事件的背后往往蕴藏着长期累积的金融失衡。因此，金融周期波峰对中国政策当局制定宏观经济政策具有重要的警示意义。第二，中国各个主要经济部门的风险偏好对中国金融周期具有一定的传导作用。具体而言，我国房地产企业部门的风险偏好呈现出完全的"顺金融周期"特征，银行部门的风险偏好呈现次强的"顺金融周期"特征，而我国政府部门的风险偏好则呈现出较为明显的"逆金融周期"宏观审慎监管的特征。

最后，在具体测算与特征分析的基础上，本章对中国金融周期的现实含义进行了解读，认为中国在 2004 年第一季度至 2008 年第四季度处于"脆弱性繁荣"的金融周期上行阶段；在 2009 年第一季度至 2015 年第四季度处于"四万亿元"刺激政策之后的"未完成的衰退"的金融周期下行阶段。总体而言，本章对于中国金融周期的测算与分析，为我国政策当局分析宏观经济形势与制定相关经济政策提供了一个新的切入视角。当前我国正处于金融周期与经济周期双重叠加下行阶段的"新常态"中，我国政府在制定宏观调控政策时，不仅要考虑实体经济增速，更要防范过度刺激政策所引发的金融失衡风险。

第三部分

金融周期对我国宏观经济的结构效应

第六章

金融周期对我国实体经济的影响机理

6.1 中国金融周期与经济周期的区别与联系

6.1.1 中国金融周期与经济周期的特征比较

相比于 2008 年国际金融危机之后才兴起的金融周期理论研究，以真实经济周期（Real Buissness Cycle，RBC）理论为代表的经济周期研究相对已较为成熟。因此，本书在这一节中，根据真实经济周期理论对经济周期（Business Cycle）的标准度量方法，选取 1996 年第一季度至 2015 年第四季度样本区间内的实际 GDP 增长率，作为中国经济周期的代理变量，取其在 $p_l = 12$ 个季度，$p_u = 32$ 个季度频段的 BP 滤波分解成分作为中国经济周期的最终测算结果。[①] 中国金融周期与经济周期的对比图如图 6.1 所示，二者的周期特征分析如表 6.1 所示。

[①] 经济周期滤波分量选取的范围为 12Q～32Q，这是因为传统 RBC 理论认为实际经济周期长度的上限为 8 年，下限选取 3 年是为了防止过度的高频噪声。

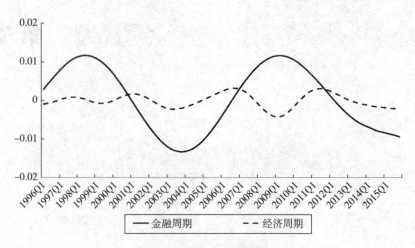

图 6.1　中国金融周期与经济周期对比分析图

表 6.1　　　　　　　　　　中国金融周期与经济周期特征对比表

周期	标准差	波峰	波谷	周期长度
金融周期	0.00674	1998Q3 2009Q1	2003Q4	10.5 年
经济周期	0.00182	1997Q3 2001Q1 2006Q4 2011Q2	1999Q2 2003Q2 2009Q1	4.7 年

　　图 6.1 的对比结果显示，中国金融周期与经济周期存在明显的特征差异。第一，中国金融周期的波动幅度与周期的长度均明显大于经济周期。具体而言，根据表 6.1，中国金融周期的波动标准差为 0.00674，接近中国经济周期波动标准差的 4 倍；而中国金融周期的长度为 10.5 年，明显超过中国经济周期 4.7 年的平均长度。因此，在样本区间内，中国在一个金融周期之内大约包含了两个经济周期。第二，中国金融周期的波峰波谷与经济周期的波峰波谷也并不完全一致。在本书的样本区间内，中国的金融周期只经历了 1998 年与 2009 年的两个波峰以及 2003 年的一个波谷；而中国经济周期却经历了 1997 年、2001 年、2006 年与 2011 年四个波峰以及 1999 年、2003 年与 2009 年三个波谷。波峰波谷

的比较结果同时说明，中国金融周期的上行阶段在 6 年左右，而中国经济周期的上行阶段在 2～3 年。第三，中国的金融周期与经济周期既存在反向运动的背离现象，也存在同向运动的叠加周期。例如，在后危机时代的 2008—2012 年，中国金融周期与经济周期就处于向相反方向运动的背离现象。在这一时期，中国的经济周期从下行阶段转变为上行阶段，而中国金融周期却从上行阶段转为下行阶段。而到 2012 年之后，中国的金融周期与经济周期则再次步入同步叠加的下行周期。

在本小节中，接下来本书将结合中国金融自由化的发展历程，对中国金融周期与经济周期二者的特征差异进行初步分析。随后在本章的 6.3 节中，本书将通过构建一个纳入货币信用创造与金融摩擦因素的动态随机一般均衡模型，深入剖析我国金融周期与经济周期背离的原因。首先，1992 年邓小平南方谈话之后，我国的市场经济体制逐步确定，中国金融自由化进程正式起步。具体而言，1996 年中国实现了国际收支平衡表中经常项目的完全自由可兑换，同年中国人民银行放开了银行间同业拆借利率管制，次年再度完成了我国债券市场的利率市场化改革。20 世纪 90 年代，中国的金融自由化程度显著提升。其次，在进入 21 世纪之后，一方面，随着 2001 年中国正式加入世界贸易组织（World Trade Organization，WTO），我国的国际间贸易往来与日俱增，在经常账户已经实现全面自由可兑换的基础上，中国的资本账户开放进程也在日益推进，中国的外部金融自由化程度逐渐增强。另一方面，在中国内部金融市场中，利率市场化改革已基本完成。自 2003 年起中国人民银行先后数次逐步扩大存贷款利率的浮动区间，2013 年全面放开了对金融机构的贷款利率管制，2015 年进一步取消了对金融机构存款利率的上限管制。至此，中国货币当局已经基本完成对所有主要利率的市场化改革，这对我国的金融自由化进程具有里程碑意义。

然而，随着我国内外部金融自由化程度的不断提高，我国金融市场与实体经济的非同步变化现象愈加明显，这进一步导致中国金融周期与经济周期逐渐显现出异质性特征。具体而言，一方面在繁荣时期内，金融的自由化发展使得我国金融市场中的融资约束逐渐降低，社会中的信用融资更加便利，同时金融深化与金融创新增加了我国金融市场中的金融产品种类，从而不断涌现出新的金融交易机会。与此同时，金融深化非但没有使金融资源进入实体经济，反而还进一步增加了金融周期中金融融资约束与价值风险偏好交互作用强度，从而导致金融体系自身的波动幅度加大，金融市场的周期性波动长度延长。另一方面，一旦金融系统内在脆弱性开始暴露，经济由盛转衰，繁荣时期的结构性金融配置失衡，将加重实体经济的衰退程度。面对繁荣阶段所累积的过度债务负担，金融机构为修复自身的资产负债表只能被迫选择削减开支。与此同时，金融资源在大繁荣时期过度集中于资本市场，因此，即使繁荣过后信用资源能够流向实体，支援经济复苏，也需要付出额外的调整成本，显然会延缓复苏，从而进一步加剧宏观经济中金融与实体的结构失衡，导致金融周期的下行深度与下行周期长度均明显增加。

6.1.2　中国金融周期与经济周期的实证分析

本节将在6.1.1节中国金融周期与经济周期特征比较的基础上，进一步通过实证回归，系统考察中国金融周期与经济周期二者之间的作用关系。本书参考Goodhart和Hofmann（2000）与马勇等（2016），构建经济周期与金融周期二者之间的实证回归模型：

$$EC_t = \sum_{i=1}^{n} \alpha_i EC_{t-i} + \gamma_j FC_{t-j} + \beta i_{r,t-1} + \varepsilon_t \quad i = 1, 2, \cdots, 12；\ j = 0, 1, \cdots, 12 \quad (6.1)$$

首先，在回归模型（6.1）中，被解释变量EC_t为中国的经济周期，解释变量分别为经济周期的滞后期EC_{t-i}和中国的金融周期FC_{t-j}，以及滞后一期的实际利率$i_{r,t-1}$，即名义利率i_{t-1}与通货膨胀率π_{t-1}之差。ε_t为误差项。对于上述回归变量，本书以5.1.1节所测算的中国经济周期数据表示EC_t及其滞后期EC_{t-i}，以第三章3.3节测算的中国金融周期数据表示FC_{t-j}，以银行间7天同业拆借利率表示名义利率i_{t-1}，以GDP平减指数表示通货膨胀率π_{t-1}。数据的样本区间为1996年第一季度至2015年第四季度，频率为季度数据。在数据处理方面，由于变量中的经济周期EC_t、EC_{t-i}与金融周期FC_{t-j}已经是原始数据经由$X-12$季节处理与BP滤波分解后的结果，加之本书实证分析的核心也是EC_t与FC_{t-j}二者间的周期性作用关系，同时基于保证数据平稳性的考虑，所以本书也对名义利率i_{t-1}与通货膨胀率π_{t-1}进行了$X-12$季节调整与BP滤波分解，并提取其周期性波动分量作为模型（6.1）的实际回归变量。此外，由于回归模型（6.1）

中的各变量均是剔除低频趋势与高频噪声后的周期性波动分量，因此回归模型（6.1）中将不存在常数项。[①] 本书的数据来源全部为 Wind 数据库。

其次，对于实证回归方法的选取，由于被解释变量 EC_{t-i} 与误差项 ε_t 二者是序列相关的，所以最小二乘法（Ordinary Least Square，OLS）对模型（6.1）的回归结果是有偏且不一致的，因此采取 OLS 回归并不合适。此外，由于本书并不清楚模型（6.1）中误差项 ε_t 的具体分布，因此无论是极大似然估计（Maximum Likelihood Estimate，MLE）还是工具变量法（Instrumental Variable，IV）都不是最恰当的。因此本书最终选取广义矩估计法（Generalized Method of Moments，GMM）对模型（6.1）进行回归分析。采用 GMM 方法有以下几项优点：一是误差项 ε_t 的分布类型并不影响模型（6.1）回归结果的有效性；二是 GMM 允许误差项 ε_t 存在自相关和异方差；三是 GMM 能够通过将合适的变量滞后期作为回归中的工具变量，而有效解决回归变量的内生性问题。综合以上三点，本书认为 GMM 的回归结果是最为有效与准确的。

再次，确定回归模型（6.1）中各解释变量的滞后期。其一，根据 Goodhart 和 Hofmann（2000），本书将名义利率与通货膨胀率二者确定为滞后 1 期。其二，由于本书对回归模型（6.1）中各变量所采取的数据为季度频率数据，根据先验规律，季度频率数据的最大滞后期理论上应当不超过 8 期。但本书 6.1.1 节对中国经济周期 EC_t 与金融周期 FC_t 的测算结果显示，二者相邻波峰之间的平均距离为 7.33 个季度，接近于理论的 8 期滞后极值，且 EC_t 与 FC_t 二者间的最大距离为 9 个季度，超出了季度频率数据 8 期滞后期的最大理论范围。为保证对模型（6.1）实证回归的有效性，本书扩大了对金融周期 FC_t 的滞后期范围，将二者最大滞后期的范围延长为 12 期，即 $i=1,2,\cdots,12$，$j=0,1,2,\cdots,12$。其三，对于经济周期 EC_t 的选取，本书则根据赤池信息准则（Akaike Information Criterion，AIC）的检验结果，将其确定为滞后 2 期，即模型（6.1）中的 $i=2$。

最后，由于本书这一节实证分析的目的是在统计特征比较的基础上，进一步探究金融周期与经济周期二者之间的作用关系，因此，本书所关注的核心问题为以下两方面：其一是金融周期与经济周期二者间的普遍关系，具体而言就

---

① 经济周期与金融周期的数据处理，本书在测算部分已经完成。

是金融周期 FC_t 与经济周期 EC_t 间相关系数 γ_j 的符号、大小与显著性；其二是金融周期 FC_t 是否存在领先于经济周期 EC_t 的事实，具体对应的则是滞后期 j 的数值。所以，本书对 $j = 0,1,2,\cdots,12$ 的金融周期 FC_t 与经济周期 EC_t 逐一按模型（6.1）进行了回归分析，结果如表6.2所示。

表6.2　　　　　　　　金融周期对经济周期的 GMM 回归结果

滞后期	EC_{t-1}	EC_{t-2}	FC_{t-j}	$ir_{r,t-1}$	Adjusted R – squared	Durbin – Watson	J – statistic
(0)	1.274 *** (10.86)	− 0.826 *** (− 11.84)	0.158 ** (1.94)	0.445 *** (4.08)	0.613	2.011	0.535
(1)	1.427 *** (19.14)	− 0.994 *** (− 12.71)	0.171 ** (1.98)	0.389 *** (3.95)	0.598	2.133	5.336
(2)	1.577 *** (19.62)	− 1.098 *** (− 10.90)	0.183 ** (2.31)	0.251 *** (2.83)	0.586	2.106	1.429
(3)	1.488 *** (17.95)	− 0.881 *** (− 9.79)	0.196 ** (2.05)	0.401 *** (4.13)	0.607	2.231	4.607
(4)	1.390 *** (17.87)	− 0.779 *** (− 10.29)	− 0.013 ** (2.51)	0.474 *** (4.57)	0.521	2.025	5.383
(5)	1.331 *** (19.22)	− 0.777 *** (− 11.84)	0.216 ** (2.57)	0.489 *** (4.83)	0.584	2.124	5.190
(6)	1.314 *** (19.63)	− 0.807 *** (− 12.86)	0.231 *** (3.47)	0.448 *** (3.97)	0.589	2.146	3.392
(7)	1.374 *** (18.92)	− 0.841 *** (− 12.02)	0.279 *** (3.74)	0.422 *** (4.31)	0.639	2.119	4.756
(8)	1.431 *** (19.71)	− 0.846 *** (− 10.89)	0.316 *** (4.08)	0.448 *** (4.54)	0.597	2.103	5.511
(9)	1.453 *** (19.45)	− 0.853 *** (− 10.25)	0.283 *** (3.88)	0.453 *** (3.54)	0.571	2.206	4.337
(10)	1.449 *** (18.62)	− 0.835 *** (− 10.16)	− 0.247 *** (3.49)	0.479 *** (4.69)	0.627	2.159	5.346

续表

滞后期	EC_{t-1}	EC_{t-2}	FC_{t-j}	$ir_{r,t-1}$	Adjusted R – squared	Durbin – Watson	J – statistic
(11)	1.408 *** (18.23)	– 0.792 *** (– 10.22)	– 0.179 ** (2.31)	0.493 *** (4.07)	0.574	2.087	4.423
(12)	1.364 *** (18.3)	– 0.777 *** (– 10.86)	– 0.123 ** (1.67)	0.510 *** (4.72)	0.593	2.045	6.408

注：（1）（0）—（12）分别代表 $j = 0,1,\cdots,12$ 共计 13 次回归。（2）** 与 *** 分别代表在 5% 和 1% 的置信水平下显著，除 J – statistic 列括号内数值为 J 统计量的 P 值之外，其余列的括号内数值均为回归系数的 t 检验的统计量数值。

表 6.2 的 GMM 回归结果显示，在滞后期 $j = 0,1,2,\cdots,12$ 区间内，中国金融周期 FC_{t-j} 与经济周期 EC_t 在 5% 水平下呈现出显著的相关性。这表明，中国金融周期与经济周期二者之间存在普遍关联。其中，在滞后期 $j \in \{7,8,9\}$ 范围内，金融周期 FC_{t-j} 与经济周期 EC_t 的显著性最高，二者在 1% 水平下呈显著正相关关系。这个实证结果与本书 6.1.1 节对金融周期与经济周期二者的特征描述较为吻合。6.1.1 节中表 6.1 显示，中国金融周期 FC_t 在 2009 年第一季度的波峰 $Peak_{2009}^F$ 距离 2011 年第二季度的经济周期 EC_t 波峰 $Peak_{2011}^E$ 为 9 个季度，相当于 GMM 回归结果中 $j = 9$，属于 $j \in \{7,8,9\}$ 的范围。这意味着中国金融周期对经济周期的影响作用存在 2 年左右的领先性。上述结果说明，中国金融周期不仅与经济周期存在普遍联系，同时金融周期还对经济周期具有一定的"加速器"性质的先导作用。这也进一步论证了本书 6.1.1 节中对于中国金融周期和经济周期的特征比较结论，即中国金融周期比经济周期的波动幅度更大、波动周期更长。此外，表 6.2 的实证回归结果，有助于理解后危机时代中国金融市场与实体经济的背离与重合。具体而言，由于中国金融周期相比于经济周期存在 2 年左右的领先性，因此，在 2008 年国际金融危机结束之后，虽然我国金融周期已经步入下行阶段，但经济周期受"四万亿元"经济刺激政策影响依然处于上行阶段。但 2011 年之后，随着"四万亿元"政策的逐渐退出，中国实体经济也步入下降通道，并且在 2012 年之后，中国的实体经济长期疲软，这也恰恰反映了金融周期"叠加"下行的影响作用。

6.2 货币信用创造对金融周期与经济周期的影响作用

根据本章6.1节的特征比较与实证分析，本书发现中国金融周期与经济周期二者并不完全一致。一方面，中国金融周期比经济周期的波动幅度更强，周期长度更长。另一方面，中国金融周期对经济周期存在明显的领先效应。而二者的这种周期性差异的背后，实质上体现的是中国金融市场与实体经济之间的背离。以国际金融危机前后的情况为例，我国 GDP 增长率从国际金融危机前的14.5% 下滑至危机后的 6.6%①，而同期信贷增长率却从 16.5% 上升到 30%。那么，造成这种背离现象的根源在哪里？这是本章接下来所要探讨的核心。在这一节中，本书将以货币信用创造作为理解中国金融周期与经济周期差异的切入视角，在全面梳理现代金融体系中货币创造源头与信用派生机制的基础上，深入剖析货币信用创造对我国金融与实体的宏观效应。

那么为什么选择货币？这个问题看似很难回答，但其实答案也很直接。这是因为，在现代经济学研究中，能够把金融与实体联结起来的经典框架，还是货币数量方程。$MV = PY$ 这个看似简单的等式，却已经将宏观经济中最重要的四个变量——货币总量（M）、货币流通速度（V）、总产出（Y）与价格水平（P）——囊括。在这四个变量中，显然总产出（Y）是经济周期的代表，而货币总量（M）与价格水平（P）又是典型的金融周期因素。那么，还剩下最容易被忽略的货币流通速度（V）。事实上，如果以金融周期视角来看，货币流通速度（V）恰恰就是那个能够反映金融市场参与者风险偏好的变量。具体而言，在金融高涨期，微观经济个体的价值风险偏好显著增强，必然引发宏观经济中的货币流通速度明显加快；反之，在金融低谷期，明显降低的风险偏好将导致投资环境冷却萧条，宏观经济内的货币流通速度自然会随之下降。由此可见，货币在现代金融体系中扮演着至关重要的角色，是宏观经济研究中无法回避的永恒焦点。那么，为了厘清货币对我国金融市场与实体经济的影响机制，本书首先需要解决货币"从哪里来"这个问题，而这正是本章在这一节中所要论述的核心。

---

① 危机前的数据时间为 2007 年第二季度，危机后的数据时间为 2009 年第一季度。

6.2.1　货币创造机制的理论梳理

回顾货币经济理论的发展历程可以发现，学术界对信用货币创造源头的争议贯穿始终。其中最具典型代表意义的三种观点分别为凯恩斯主义的货币乘数理论、新古典学派的货币中性理论以及以熊彼特（Schumpeter）为代表的货币信用创造理论。

（一）凯恩斯主义的货币乘数理论

凯恩斯主义的货币乘数理论诞生于20世纪30年代，一度成为宏观经济学对货币创造的主流认知。乘数理论的核心思想是，如果将商业银行系统视为一个整体，那么商业银行将不再是普通的金融机构，除了中介职能之外，它还能够通过货币乘数模型，利用超额准备金实现货币创造的职能。表6.3刻画了凯恩斯货币乘数理论的货币创造机制。从表中可以看出，在凯恩斯货币乘数理论中，货币创造的源头是存款，货币创造者是整个商业银行系统。就任何单一的商业银行个体而言，它只具备金融中介的功能，通过吸收存贷而发放贷款，并不具有货币创造的能力。例如在表6.3中，对于商业银行个体A或商业银行个体B而言，它们各自的资产负债表中并没有创造新增加的信用货币。

表6.3　　　　　　　　基于凯恩斯货币乘数理论的货币创造机制

商业银行 A			
资产		负债	
贷款给客户 a	80	初始存款	100
法定准备金	20		

⬇

客户 a 将 80 元贷款支付给客户 b

商业银行 B			
资产		负债	
贷款给客户 c	64	来自客户 b 的存款	80
法定准备金	16		

续表

商业银行 B
⇩
……（无限回合）
⇩

商业银行系统			
资产		负债	
总贷款（$A+B+\cdots$）	400	总存款（$A+B+\cdots$）	500
总法定准备金（$A+B+\cdots$）	100		

（二）新古典学派的货币中性理论

20 世纪 60 年代，随着凯恩斯主义受到"卢卡斯批判"（Lucas，1976）的强烈质疑，新古典学派成为宏观经济研究的主流范式。凯恩斯货币乘数理论的主导地位也因此受到新古典学派货币中性理论的挑战与冲击。新古典学派的货币中性理论的核心思想是，无论是商业银行系统整体还是单一商业银行个体，都仅仅只具备金融中介职能，而不再具备其他货币创造的功能。表 6.4 描绘了商业银行在货币中性理论中的中介功能。由此可见，商业银行提供信贷供给的前提是其具有实际储蓄或者说是可贷资金。商业银行的信贷供给行为的本质，只是为非银行部门的储蓄者与借款者搭建中介渠道，银行系统的信用供给源头来自存款，整个信用过程是从吸收非金融机构的实际储蓄开始，至将所吸收的储蓄存款借贷给借款者结束。因此，如表 6.4 所示，在货币中性理论中，银行的存款者与贷款者通常是不同的，实际储蓄形成了存款，存款行为发生在贷款行为之前，银行需要有存款才能实现贷款，贷款才能带来投资。因此在货币中性理论中，是储蓄决定了投资。

表 6.4　　　　　　基于货币中性理论的货币传递机制

商业银行	
资产	负债
贷款 L（发放给投资者 B）	存款 D（来自储蓄者 A）

（三）货币信用创造理论

国际金融危机之后，经济学家开始反思商业银行的货币创造功能。近年来，被全球主要经济体货币当局所普遍接受的一种观点是，商业银行在发放贷款的同时创造出了新的信用与货币，通常称为货币信用创造理论（Credit Creation）。但事实上，货币信用创造并非是一个全新概念，它的源头可以追溯至 Wicksell（1898）。货币信用创造的核心思想是来自商业银行的复式记账法。在货币信用理论中，货币是由商业银行的贷款创造出来的，而且是单一商业银行个体就可以完成的行为。具体而言，当银行 B 向客户 A 发放一笔贷款时，这笔贷款业务在银行 B 资产负债表中的会计分录如下所示：

借：某类贷款——客户 A

贷：某类存款——客户 A

显然这一过程使得银行 B 的资产负债表得以扩张，即银行 B 放出贷款 L 的同时，派生出等额存款 D，且 $D = L$。

表 6.5 至表 6.7 是本书以一个具体例子描述的现代金融体系下商业银行的货币信用创造过程。本书沿用胡庆康（1996）对商业银行原始存款来源的设定，认为初始存款是由客户 A 向中央银行 CB 出售证券所获得的 100 元现金。当客户 A 将这 100 元现金存入银行 B 之后，银行 B 资产负债表中的负债端为存款 $D = 100$ 元。而银行 B 的资产端则分为两部分：一部分为银行需按照法定存款准备金率 $\alpha = 20\%$ 向中央银行 CB 缴纳法定准备金 $\alpha D = 20\% \times 100 = 20$ 元；另一部分为银行的超额准备金 $(1 - \alpha) D = (1 - 20\%) \times 100 = 80$ 元。具体如表 6.5 所示。

表 6.5　　　　　　　　　商业银行 B 的初始资产负债表

资产		负债	
超额准备金	80 元	存款	100 元
法定准备金	20 元		
总计	100 元	总计	100 元

之后，本书假定银行 B 为追求利润最大化，将其 80 元超额准备金全部用于向客户 A_1 发放贷款 L_1，即 $L_1 = 80$ 元。而如前文所述，银行 B 的这笔贷款 L_1，将导

致其资产负债表的两端发生同步扩张变化，如表6.6所示。扩张后银行B资产负债表负债端的存款变为 $D_1 = 100 + 80 = 180$ 元。而在资产端则变为三项：除了第一笔贷款 L_1 之外，还有银行B上缴的法定存款准备金 $\alpha D_1 =$ （$100 + 80$）$\times 20\% = 36$ 元，以及银行剩余的超额准备金 $180 - 80 -$ （$100 + 80$）$\times 20\% = 64$ 元。

表6.6　　　　　　　商业银行B发放第一次贷款 L_1 之后的资产负债表

资产		负债	
贷款	80元	存款	180元
超额准备金	64元		
法定准备金	36元		
总计	180元	总计	180元

在发放第一次贷款 L_1 之后，若银行B为追求利润最大化，继续将其64元超额准备金全部用于向客户 A_2 发放贷款 $L_2 = 64$ 元。那么银行B的资产负债表将进行第二次扩张，如表6.7所示。第二次扩张后负债端的存款为 $D_2 = 180 + 64 = 244$ 元；资产端的贷款变为 $L_2 = 80 + 64 = 144$ 元，法定准备金变为 $\alpha D_2 = 244 \times 20\% = 48.8$ 元，超额准备金变为 $244 - 144 -$ （$180 + 64$）$\times 20\% = 51.2$ 元。与上述过程类似，银行B为追寻自身利润最大化，会不断将超额准备金用于放贷，进而不断扩张其资产负债表。而每一次放贷都创造出等额存款，因此，经济社会中的货币供给将不断增加。

表6.7　　　　　　　商业银行B发放第二次贷款 L_2 之后的资产负债表

资产		负债	
贷款	144元	存款	244元
超额准备金	51.2元		
法定准备金	48.8元		
总计	244元	总计	244元

接下来，本书进一步推导商业银行 B^* 信用创造的一般情形。假定中央银行CB规定的法定存款准备金为 r_d，并且商业银行 B^* 在最初的资产负债表中负债端中含有存款 ΔD，如表6.8所示。

表 6.8 商业银行 B^* 的初始资产负债表

资产		负债	
超额准备金	$\Delta D\,(1-r_d)$	存款	ΔD
法定准备金	$r_d\Delta D$		
总计	ΔD	总计	ΔD

与表 6.6 类似，本书设定代表性商业银行 B^* 为追求经营利润最大化，会将初始资产负债表中的超额准备金全部用于发放贷款 $L_1^* = \Delta D\,(1-r_d)$，那么第一次放贷之后商业银行 B^* 的资产负债表如表 6.9 所示。

表 6.9 商业银行 B^* 发放第一次贷款 L_1^* 之后的资产负债表

资产		负债	
贷款	$\Delta D\,(1-r_d)$	存款	$\Delta D + \Delta D\,(1-r_d)$
超额准备金	$\Delta D\,(1-r_d)^2$		
法定准备金	$r_d\left[\Delta D+\Delta D\,(1-r_d)\right]$		
总计	$\Delta D + \Delta D\,(1-r_d)$	总计	$\Delta D + \Delta D\,(1-r_d)$

类似地，表 6.10 是商业银行 B^* 发放第二次贷款 $L_2^* = \Delta D\,(1-r_d)\ +\ \Delta D\,(1-r_d)^2$ 之后的资产负债表。

表 6.10 商业银行 B^* 发放第二次贷款 L_2^* 之后的资产负债表

资产		负债	
贷款	$\Delta D\,(1-r_d)\ +\Delta D\,(1-r_d)^2$	存款	$\Delta D+\Delta D\,(1-r_d)\ +\Delta D\,(1-r_d)^2$
超额准备金	$\Delta D\,(1-r_d)^3$		
法定准备金	$r_d\left[\Delta D+\Delta D\,(1-r_d)\ +\Delta D\,(1-r_d)^2\right]$		
总计	$\Delta D+\Delta D\,(1-r_d)\ +\Delta D\,(1-r_d)^2$	总计	$\Delta D+\Delta D\,(1-r_d)\ +\Delta D\,(1-r_d)^2$

类似推导下去，表 6.11 为商业银行 B^* 在发放第 n 次贷款 $L_n^* = \Delta D \sum\limits_{n=1}^{\infty}(1-r_d)^n$ 之后的资产负债表。

表 6.11 商业银行 B^* 发放第 n 次贷款 L_n^* 之后的资产负债表

资产		负债	
贷款	$\Delta D \sum\limits_{n=1}^{\infty}(1-r_d)^n$	存款	$\Delta D \sum\limits_{n=0}^{\infty}(1-r_d)^n$

资产		负债	
超额准备金	$\Delta D (1 - r_d)^{n+1}$		
法定准备金	$r_d \Delta D \sum_{n=0}^{\infty} (1 - r_d)^n$		
总计	$\Delta D \sum_{n=0}^{\infty} (1 - r_d)^n$	总计	$\Delta D \sum_{n=0}^{\infty} (1 - r_d)^n$

在发放第 n 次贷款 L_n^* 后，商业银行 B^* 的负债端的存款总额增加至 $TD = \Delta D \sum_{n=0}^{\infty} (1 - r_d)^n$，由于法定存款准备金 $0 < r_d < 1$，从而 $0 < (1 - r_d) < 1$，因此：

$$TD = \Delta D \sum_{n=0}^{\infty} (1 - r_d)^n = \Delta D \frac{1}{1 - (1 - r_d)} = \frac{1}{r_d} \Delta D \qquad (6.2)$$

因此，在法定存款准备金的制约下，原始存款 ΔD 可以通过银行体系最终派生出 $1/r_d$ 倍的货币总量。

类似地，法定存款准备金 ΔR 可以变化为

$$\Delta R = r_d \Delta D \sum_{n=0}^{\infty} (1 - r_d)^n = r_d \Delta D \frac{1}{1 - (1 - r_d)} = \Delta D \qquad (6.3)$$

由此可见，在商业银行发放第 n 次贷款之后，法定存款准备金等于原始存款 ΔD。换言之，在现代金融体系下，商业银行的货币信用创造机制，就是将基础货币全部转化为法定存款准备金的过程。而所谓的"基础货币"是来源于中央银行的货币供给的。在基础货币的基础上，商业银行可以进一步通过信贷业务，向宏观经济体系派生新的货币。显然，在这个过程中，中央银行是通过"基础货币"调控宏观经济运行的，而商业银行对于金融系统中的信用货币也具有创造功能，且货币的派生源头在于银行的贷款。

6.2.2 传统货币理论的误区分析与货币信用创造的典型事实

深究传统货币理论对货币创造过程产生误区的原因，主要是因为无论是凯恩斯主义的货币乘数理论，还是新古典学派的货币中性理论，都忽视了现代资

产负债表复式记账的变化特征。长久以来传统货币理论一直对信用货币创造机制存在似是而非的理解，很大程度上是受实物货币概念根深蒂固的影响。在提及货币概念时，人们很容易将信用货币与金银等具有自身价值的"有形"货币相混淆。而在现代货币体系下，信用货币并不需要具体的实物作为对应，所有的信用货币均是通过银行系统"账面"创造出来的。因此，若仍然套用实物货币条件下的货币创造观点分析现代金融体系下的问题，将会对宏观经济运行机制产生错误的解读。

事实上，本书可以用两个简单的典型事实，来进一步加深对货币信用创造观点的理解。首先，是银行的"存款来源"。在信用货币条件下，居民与企业等私人部门的所有存款货币都会被计入商业银行的负债端。与此同时，由于私人部门不可能"凭空"增加自身存款，若认为商业银行存款决定贷款，那么将无法解释现实社会中不断新增的"存款"来源。事实上，在现代信用货币的派生链条中，中央银行作为最初的源头，会向商业银行提供基础货币[①]。之后商业银行继续通过其资产负债表中资产端的扩张（发放贷款）创造出新的货币，并引起负债方（存款）的同步扩张。[②]

其次，关于信用货币并非由存款创造的观点，实际上本书还可以利用"存贷差"这一典型事实加以辅证。传统宏观经济理论对"存贷差"的解释主要有信贷萎缩假说和过度储蓄假说。依据存款信用创造的观点，存贷差产生的原因主要在于商业银行吸收的存款增加、发放的贷款减少，因此可以通过提高中央银行的存款准备金率或增加银行的放贷规模来减少存贷差。然而事实却是，2008 年底为应对国际金融危机带来的负面冲击，中国政府采取了"四万亿元"经济刺激计划，引发了一波信贷增长的高峰。国内贷款同比增速由 2008 年 1 月的 16.74% 上升至 2009 年 12 月的 31.74%；而在此期间，国内存贷差非但没有缩小，反而还由 11.6 万亿元扩大至 18.6 万亿元。如图 6.2 所示，显然，存款信用创造理论是与现实经济经验相悖的。

---

① 这里指的基础货币不会因为商业银行的行为而发生任何改变。
② 需特别指出的是，尽管时间维度上，资产与负债的变化是同时的；但在逻辑顺序上，资产（贷款）变化在先，负债（存款）变化在后，资产（贷款）决定了负债（存款）。

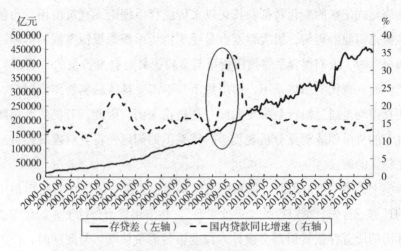

图 6.2　中国国内贷款同比增速与存贷差对比图

6.2.3　货币信用创造的宏观效应分析

首先，本书分析货币信用创造对实体经济（经济周期）的影响作用。其一，银行的信用供给推动了实体经济的周期性波动。具体而言，银行信用供给的扩张与收缩是与实体经济周期的繁荣与萧条相对应的。货币信用创造理论的代表性人物熊彼特（Schumpeter）认为，银行信用的创造与勾销是伴随着实体经济的景气与衰退对应而行的。其二，货币信用是否会打破实体经济的均衡运行，取决于扩张的商业银行信用是否真正进入实体经济。如果商业银行通过信用创造出的货币进入有助于促进实体经济发展的技术创新型行业，那么技术的进步会打破原有的实体均衡状态，推动实体经济向前发展；而如果扩张的信用货币并没有进入存在技术性突破的领域，而是主要涌入金融或资本市场，那么货币信用创造的结果是引发资产价格泡沫与全社会通货膨胀水平的上升，但实体经济并不存在革新与发展。其三，货币信用创造理论的早期奠基人 Hahn（1920）认为，货币信用创造对实体经济中生产行为的作用可以比作是"无中生有"。由于在货币信用创造理论中，货币的派生与创造是来自银行的贷款，而非私人部门的储蓄存款，因此，每一次的信用扩张都将引发信用资源的重新配置，从而增加实体经济中的商品产出。而如果不存在信用扩张，那么经济社会中将不存在货币创造的机会，从而无法创造新的投资，实体经济也就不会出现新的增长。

其次，本书论述货币信用创造对金融系统（金融周期）的影响作用。其一，在古典货币信用创造理论中，奥利地学派代表 Mises（1912）认为，信用货币的扩张将引发资产价格上涨，由此产生的"强制储蓄"效应将会增加经济社会中的过度资本累积，从而降低金融体系内的货币利率，进而放松金融市场中的融资约束，这就将导致金融周期步入上升阶段。而根据本书之前对金融周期运行机制的解读，一旦金融市场进入上升通道，货币利率将不断下降，当市场利率低于自然利率时，整个宏观经济的平衡将被彻底打乱。因此，在这一过程中，金融市场的繁荣与萧条，都是伴随货币信用的扩张与收缩而变化的。其二，国际金融危机之后，Werner（2009）基于全球金融自由化发展态势，对货币信用创造与金融周期运行机制进行了新的解读。Werner（2009）认为，美国次贷危机就是货币信用创造引发金融失衡的典型例子。随着商业银行的货币信用创造，资本市场价格飙升，私人部门的资产负债表表现良好，不动产等抵押品价值得到提升，微观经济个体的风险偏好显著增强，银行的信用供给意愿增加，货币持续通过新的信用派生增加。可见，在 Werner（2009）论述的货币信用创造对金融周期的交互影响中，金融的繁荣起源于货币的信用创造，那么，相应地，危机将起始于信用创造的终止，于是就发生了美国次贷危机。

6.3　货币信用创造理论下金融周期对实体经济的影响机制分析

在本章的 6.2 节中，重点探讨了货币"从哪里来"的问题，那么在这一节中，要进一步分析货币"到哪里去"。商业银行通过信贷供给行为，向宏观经济体系中注入了货币，那么这些由信用扩张出来的货币，究竟是流入了实体经济，还是进入了金融市场，这是造成金融周期与经济周期二者差异的关键因素。因此，在这一节中，本书通过构建一个包含货币信用创造理论的动态随机一般均衡模型，深入剖析中国金融周期与经济周期产生差异的原因，试图构建一个完整回答中国的信用货币"从哪里来"与"到哪里去"的理论分析框架。

6.3.1　纳入货币信用创造理论的动态随机一般均衡（DSGE）模型

在这一节中，本书将金融周期建模的三个关键因素——异质性、风险偏好和货币信用创造——完整地纳入了 DSGE 模型，并通过对中国实际经济情况进行参数的校准与估计，建立了一个拟合中国宏观经济实际运行状况的分析框架。

首先，本书基于中国商业银行的资产负债表，创新性地将贷款信用创造机制纳入了嵌有金融摩擦的 DSGE 模型之中。从信用的产生源头对货币属性进行了内生设定，同时梳理了信用货币自商业银行创造之后，在不同经济部门之间的传导机制，及其放大宏观波动的运作机理。其次，传统文献对个体行为的模糊处理，导致经济模型难以捕捉不同经济个体差异化的不确定行为，因此无法阐释金融体系的内在不稳定性。具体而言，传统 DSGE 模型中通常将全部家庭部门设定为存款储蓄方，将全部企业部门设定为贷款借贷方。但这显然与中国现实经济结构不相吻合，《中国家庭金融调查报告》显示，近40%的家庭是存在贷款负债的，因此对家庭部门单一化无贷款的设定显然不利于拟合我国宏观经济的真实运行情况。故本书在 DSGE 模型的家庭和企业部门中，增加了不同个体异质性行为刻画，以此取代传统宏观经济模型中各部门内部的一致理性预期假设。最后，本书还通过对 LTV（Loan-to-Value）指标的设定，量化测度了风险偏好对宏观经济波动的传递作用，并利用对其的冲击与历史分解，分析了风险偏好对中国实际宏观经济波动的贡献程度。

具体而言，本书在 Benes 等（2014）与 Iacoviello（2015）的基础上，建立了一个以商业银行贷款信用创造理论为核心的 DSGE 模型。模型的主体结构由家庭、企业、商业银行和政府机构四部门组成，其中政府部门在本书中的主要职能是通过实施财政与货币政策稳定本国宏观经济的运行。为更好地拟合中国经济的实际运行情况，本书对家庭与企业部门的刻画采取了进一步的异质性区分。

在家庭部门中，本书依据中国居民参与信贷活动的偏好特征，将其划分为储蓄型家庭与借贷型家庭两类。二者的共性是都可以通过向企业部门提供劳动获取收入，并将收入用于消费与房地产投资取得正效用。不同的是储蓄型家庭的财富积累较为充分，因此仅会向银行部门提供存款而无须贷款，并能够将自身多余的有形资本出租给企业部门赚取利息收益；相比之下，借贷型家庭由于无法提供自身消费与投资（尤其是房地产投资）所需的全部资金，因此只会存在向商业银行贷款的信贷行为，同时也没有多余的有形资产租赁给企业。

对于企业部门，传统 DSGE 模型通常对所有类型企业只进行单一化的设定，缺乏对房地产供给端的特殊刻画，因此无法合理解释房地产供给端对宏观经济各变量的影响作用，导致难以对市场的真实波动情况作出准确有效的衡量。本书出于上述原因，将企业部门细化为商品企业和房地产企业，两类企业均是银行的贷款者。

商业银行是本书模型的核心部门。传统文献通常将商业银行视作单纯的金融中介机构，通过吸收存款发放贷款，赚取利差收益。但根据前文关于信用创造渠道的阐述，信用货币是由商业银行放贷行为创造的，因此本书将按照Vanden Heuvel（2008）与Benes等（2014）的方法，从商业银行资产负债表出发，刻画商业银行真实的信用创造行为。从图 6.3 可以更加清晰直观地比较传统金融中介理论模型和本书模型中商业银行信贷行为的区别。

货币中性理论的信用传导机制：

信用创造理论的信用传导机制：

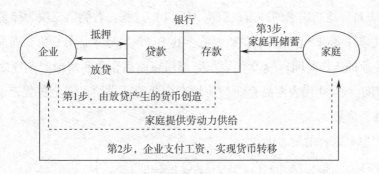

图 6.3　货币中性理论与信用创造理论的信用传导对比

政府部门在本书的主要职能是通过财政与货币政策，调控宏观经济的运行。财政政策方面，政府机构主要调控税收与政府购买；货币政策方面，结合近年来中国货币当局由数量型货币政策工具向价格型货币政策工具转换的实际情况，政府机构将更侧重对利率政策的调控。

（一）家庭部门

本书设家庭部门是由储蓄型家庭和贷款型家庭组成，二者的效用函数形式相同，是关于消费、房地产投资与劳动的函数 $U(C,H,N)$，其中对于消费部分效用函数，采用的是由 Dynan（2000）的增量效用函数 $U_{C,t}(C_t, C_{t-1})$，即家庭部门由消费获得的效用不是取决于当期消费的绝对水平，而是取决于当期消费水平与过去习惯的消费水平的相对值。

首先，分析储蓄型家庭的行为。假定模型处于无限期离散时间环境中，且各部门的单位均为1。总量考虑第 t 期储蓄型家庭的经济活动。在第 t 期，储蓄型家庭通过向商品企业与房地产企业提供劳动供给获取收入，并将收入用于消费 $C_{S,t}$ 和房地产投资 $H_{S,t}$ 以获取自身正效用，因此储蓄型家庭部门在第 t 期的效用函数为

$$U_{S,t} = \frac{1}{1-\sigma}\left(C_{s,t} - \alpha_s C_{s,t-1}\right)^{1-\sigma} + \varepsilon_{H,t} H_{S,t} - \frac{1}{1+\eta}\left(N_{SY,t}{}^{1+\xi} + N_{SH,t}{}^{1+\xi}\right)^{\frac{1+\eta}{1+\xi}}$$

$$(6.4)$$

式（6.4）右侧第一项为储蓄型家庭的消费增量函数。其中，α_s 为储蓄型家庭的消费习惯参数，表示其消费习惯强度；σ 为跨期替代弹性的倒数。右侧第二项 $\varepsilon_{H,t}$ 则代表对房地产需求的冲击，服从 AR（1）过程。右侧第三项为储蓄型家庭不变替代弹性（CES）型劳动供给函数。其中，$N_{SY,t}$ 与 $N_{SH,t}$ 分别为在商品企业和房地产企业的工作时间；$\xi \geqslant 0$ 代表家庭部门在商品企业和房地产企业之间的劳动供给偏好，$\xi = 0$ 代表商品企业与房地产企业劳动供给可完全替代；η 为劳动供给弹性的倒数。

储蓄型家庭效用最大化为

$$\max\ E_0 \sum_{t=0}^{\infty} \beta_s^t U_{S,t}$$

其中，β_s^t 为储蓄型家庭部门的贴现因子。

与此同时，储蓄型家庭还会受到预算约束的限制，其约束条件为

$$C_{S,t} + K_{S,t} + D_{S,t} + p_t(H_{S,t} - H_{S,t-1}) + T_{S,t}$$
$$(6.5)$$
$$= (R_{KS,t}z_{KS,t} + 1 - \delta_{KS,t})K_{S,t-1} + R_{D,t-1}D_{S,t-1} + W_{Y,t}N_{SY,t} + W_{H,t}N_{SH,t}$$

其中，$K_{S,t}$、$K_{S,t-1}$ 分别为家庭部门在第 t 期和第 $t-1$ 期持有的有形资本，将其出

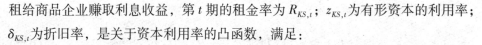

租给商品企业赚取利息收益，第 t 期的租金率为 $R_{KS,t}$；$z_{KS,t}$ 为有形资本的利用率；$\delta_{KS,t}$ 为折旧率，是关于资本利用率的凸函数，满足：

$$\delta_{KS,t} = \delta_{KS} + \left(\frac{1}{\beta s} + 1 - \delta_{KS} \right) \left[0.5\varsigma' s z_{KS,t}^2 + \left(1 - \varsigma' s\right) z_{KS,t} + \left(0.5\varsigma' s - 1\right) \right]$$

(6.6)

$$\varsigma' s = \frac{\varsigma s}{1 - \varsigma s}, \varsigma s \sim [0,1]$$

其中，ςS 为储蓄型家庭部门有形资本利用函数的曲率；$D_{S,t}$、$D_{S,t-1}$ 分别为第 t 期与第 $t-1$ 期储蓄型家庭部门的存款，存款利率分别为 $R_{D,t}$ 和 $R_{D,t-1}$；p_t 为第 t 期的房产价格；$p_t(H_{S,t} - H_{S,t-1})$ 为第 t 期与第 $t-1$ 期新旧房产价值之差；$W_{Y,t}$ 与 $W_{H,t}$ 分别为从商品企业与房地产企业赚取的工资率；$T_{S,t}$ 为储蓄型家庭向政府缴纳的税款。

其次，分析借贷型家庭的行为。借贷型家庭与储蓄型家庭相似，通过向商品企业和房地产企业提供劳动获取收入，但其收入不足以覆盖日常开支，因此还需向银行贷款。借贷型家庭效用函数形式与储蓄型家庭类似，即

$$U_{L,t} = \frac{1}{1 - \sigma} \left(C_{L,t} - \alpha_L C_{L,t-1} \right)^{1-\sigma} + \varepsilon_{H,t} H_{L,t} - \frac{1}{1 + \eta} \left(N_{LY,t}^{1+\xi} + N_{LH,t}^{1+\xi} \right)^{\frac{1+\eta}{1+\xi}}$$

(6.7)

其中，$C_{L,t}$、$C_{L,t-1}$ 分别为借贷型家庭在第 t 期和第 $t-1$ 期的消费；$H_{L,t}$ 为借贷型家庭第 t 期所持有的房产；$N_{LY,t}$ 与 $N_{LH,t}$ 分别为储蓄型家庭在商品企业和房地产企业的工作时间；β'_L 为借贷型家庭部门的贴现因子；σ、ξ、η 与 $\varepsilon_{H,t}$ 的含义与储蓄型家庭的含义相同。

借贷型家庭无限期内的效用最大化为

$$\max E_0 \sum_{t=0}^{\infty} \beta_L^t U_{L,t}$$

与储蓄型家庭不同的是，借贷型家庭收入较低，不会存在多余的有形资本出租。同时需向银行贷款才能负担起第 t 期的消费，因此借贷型家庭除了需要受到预算约束外，还会受到借贷约束。

借贷型家庭预算约束：

$$C_{L,t} + p_t(H_{L,t} - H_{L,t-1}) + R_{LL,t-1} L_{L,t-1} - \varepsilon_{LL,t} + T_{L,t} = L_{L,t} + W_{Y,t} N_{LY,t} + W_{H,t} N_{LH,t}$$

(6.8)

借贷型家庭的借贷约束：

$$L_{L,t} \leq \varepsilon_{LTV,t} LTV_L E_t \left(\frac{p_{t+1}}{R_{LL,t}} H_{L,t} \right) - \varepsilon_{LL,t} \tag{6.9}$$

其中，$H_{L,t}$、$H_{L,t-1}$ 分别为借贷型家庭在第 t 期与第 $t-1$ 期所持有的房产；$p_t(H_{L,t} - H_{L,t-1})$ 为第 t 期与第 $t-1$ 期新旧房产差额。$W_{LY,t}$ 与 $W_{LH,t}$ 分别为商品企业与房地产企业的工资率。$L_{L,t}$、$L_{L,t-1}$ 分别为借贷型家庭在第 t 期与第 $t-1$ 期向银行的贷款，对应的贷款率为 $R_{LL,t}$ 和 $R_{LL,t-1}$。$\varepsilon_{LL,t} = \rho_{LL}\varepsilon_{L,t}$ 是关于借贷型家庭贷款违约的冲击，其中 $\varepsilon_{L,t}$ 代表发生违约冲击，服从 AR（1）过程；当 $\varepsilon_{L,t} > 0$ 时，意味着发生贷款违约，而借贷型家庭部门占贷款违约的比例为 ρ_{LL}。LTV_L（Loan-to-Value）为借贷型家庭的贷款价值比率上限，是银行对借贷型家庭部门风险偏好的度量。$\varepsilon_{LTV,t}$ 是银行风险偏好冲击，同样服从 AR（1）过程；$\varepsilon_{LTV,t}$ 正向冲击，代表银行放松信贷约束，其风险偏好程度增加。

由借贷约束条件（6.9）还可以看出由抵押品价值变化产生的抵押效应，即当作为借贷型家庭抵押品的房地产价值上升时，借贷型家庭所能获得的银行信贷将会增加，因此房地产价格的变化对银行的风险偏好具有显著的影响。

（二）企业部门

企业部门分为商品企业部门和房地产企业部门两类。其中商品企业主要负责生产除房地产之外的其他最终产品；房地产企业是模型中房地产唯一的供给端，银行贷款是其生产的主要资本来源。两类企业的生产函数均服从 CobbDouglas 生产函数形式。

首先，分析商品企业的行为。在第 t 期，商品企业生产最终产品 Y_t 所需的生产要素分别为雇佣自家庭部门的劳动力 $N_{SY,t}$ 与 $N_{LY,t}$、向储蓄型家庭租用的有形资产 $K_{S,t-1}$、建造厂房所需等固定资产 $H_{Y,t}$ 及技术要素 $A_{Y,t}$。因此，商品企业规模报酬不变的 Cobb-Douglas 生产函数满足：

$$Y_t = A_{Y,t} \left(N_{SY,t}^{\mu} N_{LY,t}^{1-\mu} \right)^{\alpha_Y} H_{Y,t}^{\gamma_Y} \left(z_{KH,t} K_{S,t-1} \right)^{1-\alpha_Y-\gamma_Y} \tag{6.10}$$

其中，μ 为储蓄型家庭的收入份额占比，α_Y 为商品企业劳动力产出弹性系数，γ_Y 为商品企业不动产要素产出弹性系数。

与此同时，由于商品企业需要向家庭部门支付工资、租金及其他生产成本，

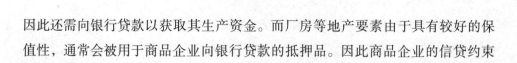

因此还需向银行贷款以获取其生产资金。而厂房等地产要素由于具有较好的保值性，通常会被用于商品企业向银行贷款的抵押品。因此商品企业的信贷约束条件为

$$L_{Y,t} \leqslant \varepsilon_{LTV,t} LTV_{Y,t} E_t\left(\frac{p_{t+1}H_{Y,t}}{R_{YL,t}}\right) - \varepsilon_{LY,t} \tag{6.11}$$

其中，$L_{Y,t}$ 为商品企业在第 t 期获得的银行贷款，贷款利率为 $R_{YL,t}$。$LTV_{Y,t}$ 为商品企业的贷款价值比率上限（Loan-to-Value），是银行对商品企业的信贷约束指标，代表银行对商品企业的风险认知程度。商品企业自身拥有的不动产同样具有抵押效应，其价格变化会影响银行的风险偏好程度。$\varepsilon_{LY,t} = \rho_{LY}\varepsilon_{L,t}$ 是关于商品企业贷款违约的冲击，其中商品企业占总贷款违约的比例为 ρ_{LY}。$\varepsilon_{LTV,t}$ 的含义与前文相同，同样代表银行风险偏好冲击。

设 β_Y 为商品企业部门的贴现因子，商品企业最优行为的目标为其生产利润 $Q_{Y,t}$ 最大化：

$$\max E_0 \sum_{t=0}^{\infty} \beta_Y^t \log Q_{Y,t} \tag{6.12}$$

此外，利润 $Q_{Y,t}$ 还会受预算约束条件的限制：

$$
\begin{aligned}
Q_{Y,t} = &\, Y_t + L_{Y,t} - ac_{KY,t} - ac_{LY,t} - T_{Y,t} + \varepsilon_{LT,t} - \\
&\left[W_{SY,t}N_{SY,t} + W_{LY,t}N_{LY,t} + R_{KS,t}z_{KS,t}K_{S,t-1} + R_{Y,t-1}L_{Y,t-1} + p_t(H_{Y,t} - H_{Y,t-1}) \right]
\end{aligned}
\tag{6.13}
$$

其中，$T_{Y,t}$ 是商品企业向政府部门缴纳的税款，$ac_{KY,t}$ 和 $ac_{LY,t}$ 分别代表商品企业关于资本和贷款的二次调整成本函数：

$$ac_{KY,t} = \frac{\phi_{KY}}{2} \frac{\left(K_{S,t} - K_{S,t-1}\right)^2}{K_Y} \tag{6.14}$$

$$ac_{LY,t} = \frac{\phi_{LY}}{2} \frac{\left(L_{Y,t} - L_{Y,t-1}\right)^2}{L_Y} \tag{6.15}$$

其次，分析房地产企业的行为。根据本书之前的分析，房地产作为我国宏观经济中最重要的抵押品，其价格变化具有抵押效应，会影响商业银行的风险偏好。而房地产企业作为房地产的唯一供给部门，其生产决策对房地产价格具

有十分重要的影响作用，因此是模型着重关注的部分。房地产企业利用从银行得到的贷款 $L_{H,t}$ 作为资本生产要素，通过雇佣家庭部门的劳动力 $N_{SH,t}$ 与 $N_{LH,t}$ 作为劳动生产要素，及技术要素 $A_{H,t}$，生产房地产供给 $H_{H,t}$。房地产企业的生产函数同样服从规模报酬不变的 Cobb-Douglas 形式：

$$H_{H,t} = A_{H,t} \left(N_{SH,t}^{\mu} N_{LH,t}^{1-\mu} \right)^{\alpha_H} \left(L_{H,t} \right)^{1-\alpha_H} \tag{6.16}$$

其中，α_H 则为房地产供给部门劳动力要素产出弹性系数。

而房地产企业同样需要通过抵押才能从银行以利率 $R_{HL,t}$ 获取贷款 $L_{H,t}$，其抵押品即为自身生产或拥有的房地产 $H_{H,t}$，因此房地产企业的借贷约束为

$$L_{H,t} \leq \varepsilon_{LTV,t} LTV_H E_t \left(\frac{p_{t+1} H_{H,t}}{R_{HL,t}} \right) - \varepsilon_{LH,t} \tag{6.17}$$

由房地产价格变动引起的商业银行风险偏好变化是本书讨论金融周期传导机制所关注的问题，因此本书同样也在房地产企业行为的讨论中加入了商业银行的信贷约束冲击 $\varepsilon_{LTV,t}$，与前文设定一致，当 $\varepsilon_{LTV,t} > 0$，代表商业银行风险偏好程度增加，会放松对房地产企业的信贷约束。LTV_H 为房地产企业的贷款价值比率上限，代表银行对房地产企业的信贷约束。$\varepsilon_{LH,t} = \rho_{LH} \varepsilon_{L,t}$ 是关于贷款违约的冲击，而房地产企业部门的贷款违约占总违约的比例为 ρ_{LH}。

设 β_H 为房地产企业部门的贴现因子，而房地产供给部门的本质仍是企业，其追求的最优化行为目标依旧是企业利润 $Q_{H,t}$ 的最大化：

$$\max E_0 \sum_{t=0}^{\infty} \beta_H^t \log Q_{H,t} \tag{6.18}$$

房地产企业利润同样会受到预算约束的限制：

$$\begin{aligned}
Q_{H,t} = & p_t H_{H,t} + L_{H,t} + \varepsilon_{H,t} - ac_{LH,t} - T_{H,t} + \varepsilon_{LH,t} - \\
& \left[W_{SH,t} N_{SH,t} + W_{LH,t} N_{LH,t} + R_{HL,t-1} L_{H,t-1} \right]
\end{aligned} \tag{6.19}$$

其中，$T_{H,t}$ 是房地产企业向政府部门缴纳的税款，$ac_{LH,t}$ 是房地产企业关于贷款 $L_{H,t}$ 的二次型调整成本函数：

$$ac_{LH,t} = \frac{\phi_{LH}}{2} \frac{\left(L_{H,t} - L_{H,t-1} \right)^2}{L_H} \tag{6.20}$$

（三）商业银行

商业银行部门是本书模型中最为核心的部分。传统 DSGE 模型通常将商业银行视为普通的金融中介机构，在货币中性理论下，认为商业银行不存在信用货币创造功能，而银行的可贷资金来源于居民储蓄。只有储蓄存款增加，相对应贷款才可以扩张。然而在现实中，银行资产负债表扩张的速度远远超过实体经济增长的速度。因此，银行的信用扩张并不是外生的，而是具有内生性的。银行自身作为一个经济主体，具有其独立的经济预期。正如我们前文模型的设定，抵押品价格变化所引发的抵押效应会改变商业银行的风险偏好程度。抵押品价格上升，商业银行风险偏好程度增强，信用供给意愿增强，进而放松对居民与企业的信贷约束，信贷供给规模上升。而一旦银行对风险的认知被资产价格泡沫所迷惑，风险偏好增加过度，就会造成过量的信贷供给，导致信贷质量恶化，严重时甚至会爆发金融危机；危机之后，如果商业银行对经济增长的预期过于悲观，就会造成信贷的过度紧缩，加重经济的萧条。因此，在宏观经济中，银行并不是简单依附于实体经济，银行自身就是一个不稳定的主体。除此之外，在现代信用体系下，银行的放贷行为会创造出信用货币，扩张其资产负债表。因此，正确刻画商业银行信贷行为对构建解释宏观经济波动的理论模型具有至关重要的影响。

本书对商业银行行为的刻画建立在 Milne（2002）与 Van den Heuvel（2008）的基础之上，认为银行在第 t 期初完成本期的信贷扩张行为，在第 $t+1$ 期初（第 t 期末）结算第 t 期的利差。那么在第 t 期初，银行的简化资产负债表如表 6.12 所示。

表 6.12　　　　　　　　　　**商业银行第 t 期初资产负债表**

资产		负债	
贷款	$L_t = L_{L,t} + L_{Y,t} + L_{H,t}$	存款	$D_{S,t}$
		资本	$E_{B,t}$

由第 t 期初商业银行资产负债表可以得到初始的约束条件：

$$L_t = D_{S,t} + E_{B,t} \tag{6.21}$$

其中

$$L_t = L_t + L_{Y,t} + L_{H,t} \qquad (6.22)$$

$E_{B,t}$ 为在第 t 期初银行累积的净资本[1]。

下面我们研究在第 $t+1$ 期初[2]，商业银行资产负债表的变化情况，如表 6.13 所示。

表 6.13 商业银行第 $t+1$ 期初资产负债表

资产		负债	
贷款	$LL_{L,t+1} = R_{L,t}(L_t - \varepsilon_{L,t})$	存款	$DD_{t+1} = R_{SD,t}D_{S,t}$
		资本	$EE_{B,t+1} = LL_{L,t+1} - DD_{L,t+1}$

其中，$LL_{L,t+1}$、$DD_{L,t+1}$ 与 $EE_{B,t+1}$ 分别代表商业银行在第 $t+1$ 期初的由第 t 期创造的贷款（包含利息）、存款（包含利息）及新的资本。$R_{LL,t}$ 可被视为第 t 期的总贷款利率水平，$LL_{L,t+1}$ 还可以写作：

$$LL_{L,t+1} = R_{LL,t}L_{L,t} + R_{YL,t}L_{Y,t} + R_{HL,t}L_{H,t} - \varepsilon_{L,t} \qquad (6.23)$$

$\varepsilon_{L,t}$ 为私营部门的贷款冲击：

$$\varepsilon_{L,t} = \varepsilon_{LL,t} + \varepsilon_{LY,t} + \varepsilon_{LH,t} \qquad (6.24)$$

$$\rho_{LL,t} + \rho_{LY,t} + \rho_{LH,t} = 1 \qquad (6.25)$$

商业银行的本质属于金融企业，其经营目标依然为企业利润 $Q_{B,t+1}$ 最大化：

$\max E_0 \sum\limits_{t=0}^{\infty} \beta_B^t \log Q_{B,t}$ [3]。而 $Q_{B,t+1}$ 表达式为

$$Q_{B,t+1} = R_{LL,t}L_{L,t} + R_{YL,t}L_{Y,t} + R_{HL,t}L_{H,t} - \\ \varepsilon_{L,t} - R_{SD,t}D_{S,t} - E_{B,t} - ac_{BD,t+1} - ac_{BL,t+1} \qquad (6.26)$$

其中，β_B 为银行部门的贴现因子，$ac_{BD,t+1}$ 和 $ac_{BL,t+1}$ 是银行关于存款 $D_{S,t}$ 与 $L_{L,t}$ 的二次型调整资本：

---

[1] 这里为了更清晰地阐明商业银行信用创造理论，我们省略了李斌（2006）中提到的商业银行基础货币来源；同样基于直观性原则，我们没有在银行的资产端刻意区分贷款与准备金（超额准备金）等的区别，可以认为它们被并入贷款之中，也可以认为是与基础货币密切相关的，如果只考虑一期的扩张，这部分可以忽略不计。对这部分的讨论，可以详见 Van den Heuvel（2002，2008）。

[2] 第 $t+1$ 期的信贷创造还没发生之前。

[3] 这里之所以用第 $t+1$ 期利润是为了与之前模型动态时间设定保持一致，讨论第 t 期内的变化。

$$ac_{BD,t+1} = \frac{\phi_{BD}}{2} \frac{\left(D_{S,t+1} - D_{S,t}\right)^2}{D_S} \qquad (6.27)$$

$$ac_{BL,t+1} = \frac{\phi_{BL}}{2} \frac{\left(L_{t+1} - L_t\right)^2}{L} \qquad (6.28)$$

最后，商业银行还必须接受货币当局对其资本充足率 γ_B 的监管，因此还存在资本充足率约束条件：

$$\left(L_{L,t} + L_{Y,t} + L_{H,t} - \varepsilon_{L,t} - D_{S,t}\right)_{bankequity} \geqslant \gamma_B \left(L_{L,t} + L_{Y,t} + L_{H,t} - \varepsilon_{L,t}\right)_{bankassets}$$

$$(6.29)$$

（四）政府机构

由于政府部门会通过财政与货币政策调控宏观经济，因此本书在对政府部门的建模过程中引入泰勒规则进行刻画：

$$R_t = \left(R_{t-1}\right)^{\theta_R} \left[\left(\pi_{t+1}\right)^{\theta_\pi} \left(GDP_t\right)^{\theta_y} \overline{rr} \right]^{1-\theta_R} \qquad (6.30)$$

其中，R_t 为货币当局制定的第 t 期的基准利率，在这里我们认为与存款利率 $R_{D,t-1}$ 相同。π_{t+1} 为通货膨胀率，且有 $\pi_{t+1} = \frac{p_{t+1}}{p_t}$。$\theta_\pi$ 为通货膨胀率反应系数，θ_R 为利率平滑系数，θ_y 为总产出 GDP_t 的反应系数。$\overline{rr}$ 为实际利率的稳态值。设 G_t 为第 t 期政策购买，则 GDP_t 为第 t 期国内生产总值，其表达式为

$$GDP_t = C_{S,t} + C_{L,t} + K_{S,t} + p_t H_{H,t} + G_t \qquad (6.31)$$

（五）模型均衡条件

为对模型求解，我们还需写出模型的均衡条件，包括商品市场和房地产市场的出清。

商品市场出清条件：

$$Y_t = C_{S,t} + C_{L,t} + K_{S,t} + G_t \qquad (6.32)$$

其中

$$G_t = T_{S,t} + T_{L,t} + T_{Y,t} + T_{L,t} \qquad (6.33)$$

房地产市场出清条件：

$$H_t = H_{S,t} + H_{L,t} + H_{Y,t} \qquad (6.34)$$

一般而言，商品的需求方为居民，商品需求 Y^d 可分为两类：一类是缺乏弹性的刚性消费需求，本书设为 Y_c^d；另一类是富有弹性的投资性需求 Y_i^d，如房地产等耐用消费品的投资需求就可以理解为属于 Y_i^d 范畴。因此，Y^d、Y_c^d 与 Y_i^d 三者之间的关系为 $Y^d = Y_c^d + Y_i^d$。

6.3.2 模型的参数校准与参数估计

本书采取校准与贝叶斯估计相结合的方式，确定了上文 DSGE 模型中的参数数值。对于在经典文献中使用次数较多的参数，本书采取经验校准的方式确定其数值；对另一些涉及本书创新之处的参数数值，则主要通过实际数据进行贝叶斯估计方式获取。本书在贝叶斯估计过程中，利用了中国 2005 年第三季度至 2015 年第四季度的实际经济数据，主要包括国内生产总值、GDP 平减指数、消费、投资、非金融部门信贷、商品房销售面积（住宅与商用）以及房地产价格进行实际模拟。数据主要来源为 CEIC 与 Wind 数据库。模型求解、贝叶斯估计、脉冲响应与方差分解过程均在 Dynare 4.4.3 中完成。表 6.14 和表 6.15 分别列出了本书核心参数的校准与估计数值。

表 6.14 参数的校准结果

参数	含义	数值
β_S	储蓄型家庭贴现因子	0.99
β_L	借贷型家庭贴现因子	0.97
β_Y	商品企业贴现因子	0.94
β_H	房地产企业贴现因子	0.94
β_B	商业银行贴现因子	0.945
α_H	房地产企业劳动力产出弹性系数	0.1
LTV_L	借贷型家庭的贷款与抵押品价值之比上限	0.75
LTV_Y	商品企业的贷款与抵押品价值之比上限	0.5
LTV_H	房地产企业的贷款与抵押品价值之比上限	0.6
$\delta_{KS,t}$	资本折旧率	0.035

表6.15　　　　　　　　　　　　　**参数的贝叶斯估计结果**

参数	含义	先验分布	后验均值	后验分布
σ	家庭部门消费跨期替代弹性的倒数	Γ (2, 0.25)	2.101	[1.941, 2.332]
α_S	消费习惯因子	B (0.5, 0.15)	0.177	[0.069, 0.281]
η	劳动供给弹性的倒数	Γ (1, 0.5)	6.161	[5.370, 6.890]
ξ	商品企业与房地产企业劳动替代弹性	B (1, 0.1)	1.037	[1.036, 1.038]
α_Y	商品企业生产劳动力份额	B (0.04, 0.01)	0.044	[0.030, 0.058]
γ_Y	商品企业的固定资产份额	B (0.5, 0.1)	0.531	[0.378, 0.689]
μ	储蓄型家庭的工资收入份额	B (0.3, 0.1)	0.720	[0.599, 0.815]
ϕ_{KY}	商品企业资本调整成本系数	Γ (1, 0.5)	1.588	[0.667, 2.546]
ϕ_{LY}	商品企业贷款调整成本系数	Γ (0.25, 0.125)	0.138	[0.026, 0.246]
ϕ_{LH}	房地产企业贷款调整成本系数	Γ (0.25, 0.125)	0.202	[0.054, 0.329]
ϕ_{BD}	银行存款调整成本系数	Γ (0.25, 0.125)	0.179	[0.026, 0.311]
ϕ_{BL}	银行贷款调整成本系数	Γ (0.25, 0.125)	0.181	[0.052, 0.305]
θ_R	泰勒规则利率调整惯性系数	B (0.75, 0.1)	0.751	[0.747, 0.752]
θ_π	泰勒规则通货膨胀率系数	Γ (2, 1)	1.311	[0.732, 1.997]
θ_Y	泰勒规则总产出系数	Γ (0.6, 0.1)	0.633	[0.631, 0.634]

6.3.3　脉冲响应与方差分解

（一）脉冲响应分析

信用与资产价格是刻画金融周期的代表变量，二者的联动表现实质上即为金融周期的外在波动形式。而风险偏好作为联结信贷与资产价格的关键变量，对二者间的交互影响起到了传导的作用，从而实现了对宏观经济波动的放大功能，造成了金融周期与经济周期出现差异。显然，货币信用创造与经济个体的风险偏好成为分析金融周期与经济周期异质性波动的核心要素。与此同时，金融系统中的内生杠杆机制造成了金融的内在脆弱性。例如在经济景气阶段内，资产价格增加的同时，急剧扩张的债务规模却也造成金融系统内部可控风险的大大降低，不可控的系统性风险不断累积，最终演变成由微小冲击引发的大规模危机。正如Minsky（1986）关于金融内在脆弱性的阐释，这种"杠杆效应"是内生于经济活动存在的，而根本原因仍然在于经济体风险偏好的变化：其一，由于经济行为人总是追求利益最大化（或效用最大化），而资产与负债收益的变化自然会改变经济个体的风险偏好，导致资产负债配置的变化，而追逐高收益、不顾风险的非理性风险认知必然会造成资产错配的发生；其二，银行通常存在"名誉追逐"行为，即当经济体中其他银行宣布高回报收益时，该银行也会为了获取自身更高的收益而选择忽视过高风险的存在，增强其信贷供给的风险偏好。

因此，为了更好地分析我国金融周期与经济周期二者之间的差异，根据前文模型的设定，本章进行了以下三种冲击的模拟：一是家庭部门房地产需求偏好冲击；二是商业银行风险偏好冲击；三是违约贷款冲击[①]。

第一，分析房地产需求偏好冲击。考虑向家庭部门房地产需求偏好引入一个单位正向冲击，用于模拟繁荣期内家庭部门投资房地产的风险偏好增加的情形。图 6.4 显示了冲击后宏观经济各主要变量的变化情况。

首先，房地产需求增加会直接推动房地产价格的上涨，根据借贷型家庭借贷约束等式，房地产作为借贷型家庭向银行贷款的抵押品，其价格的上涨会通过抵押效应获取银行更多的信贷供给，因此经济中银行信贷规模扩张。其次，房地产作为家庭部门最主要的投资品，对其需求的上升必然会直接增加经济中的投资需求，同时银行信贷供给的扩张也为投资需求提供了资金支持，在二者的共同作用下，经济中的投资数量增加。再次，根据家庭部门的预算约束等式，房地产价格的上升放松了家庭部门的预算约束，因此消费也将得以增加，投资与消费的同步增加最终会引起总产出的增加。

最后，通过对各变量波动幅度的纵向比较还可以发现，房地产需求偏好上升引发的投资增幅大于消费增幅，同时信贷的扩张幅度也明显大于总产出的增加幅度。这不仅完全符合金融周期波动幅度大于经济周期的基本特征，同时也与前文论述的我国 GDP 与信贷增长率背离的实际经济情况相吻合。冲击结果显示，我国实体经济的波动幅度已经无法代表宏观经济真实的波动情况，信贷与资产价格之间的交互增强作用同样对我国的宏观经济具有至关重要的影响。因此，若仍然以传统经济周期理论分析解释当前中国宏观经济现象，则很可能只注意到短期的异常波动，却忽视了经济现象背后长久累积的失衡与风险。

---

① 其中尽管违约贷款冲击并不能直接定义为风险偏好类冲击，但基于本书探讨的核心是商业银行不稳定性对宏观经济波动的影响，而一旦爆发违约风险，商业银行的风险偏好程度必然会受其影响大幅下降；同时这也是为了结合近年来中国高债务杠杆问题的实际情况所进行的假设模拟分析。

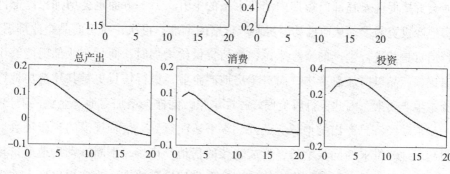

图6.4 房地产需求偏好冲击脉冲响应结果

第二，分析商业银行风险偏好冲击。由前文分析可知，银行部门的风险偏好程度是联结信贷与资产价格的关键变量。根据本书模型的设定，*LTV* 是商业银行风险偏好的量化测度指标，代表商业银行允许私营部门贷款价值比率的上限，*LTV* 的数值越大，代表银行风险偏好程度越高。因此，本书通过向 *LTV* 引入一个单位正向冲击，模拟繁荣期内，银行部门风险偏好增加对宏观经济波动的影响。图6.5 显示了冲击后宏观经济各变量的变化情况。

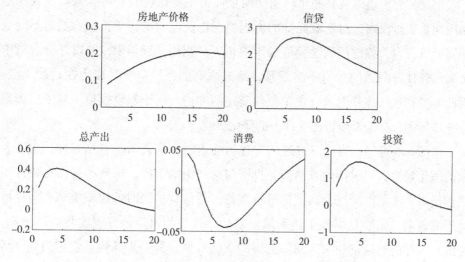

图6.5 商业银行风险偏好冲击脉冲响应结果

首先，银行风险偏好的增加会通过家庭与企业部门的信贷约束等式，直接增加银行对家庭与企业部门的信贷供给，促进信贷规模的扩张。其次，根据家庭部门的预算约束等式，信贷供给增加同时还会放松家庭部门的预算约束。一方面会直接促进家庭部门短期内消费水平的上升；另一方面也会增加家庭部门的房地产投资需求，从而推动了房地产价格的上涨。再次，对于商品企业部门，银行信贷是其进行生产的资金来源，当信贷供给增加时，商品企业部门能够生产出更多产品以增加总产出；而对于房地产企业，银行信贷更是其建造房地产的资本生产要素，因此银行风险偏好程度增强，同样会增加房地产企业的产出，进一步推动经济总产出的增长。此外，本书还注意到，信贷规模的扩张还会同时引起房地产供求的同步增长，形成繁荣的房地产市场，不断推动房地产价格上涨。从长期来看，房地产价格持续攀升形成的投资热度会改变居民原本在消费与房地产投资之间的分配，居民投资性支出增加会对消费支出产生挤出效应。因此在图6.5中可以发现，在投资大幅增长的时期内，消费却呈现出下降趋势。

最后，总产出与信贷变动幅度的比较结果与房地产需求偏好冲击一致。银行风险偏好程度增加引起信贷增加的幅度大于总产出，同样符合我国产出与信贷增长偏离的实际国情。因此可以得出结论，银行部门的风险偏好程度会通过货币信用创造机制，使我国金融周期与经济周期出现差异。

第三，分析违约贷款冲击。前文两个冲击主要探讨的是风险偏好在我国金融周期繁荣阶段内，对宏观经济的影响情况以及波动的传导机制。然而不同金融周期阶段内，各部门风险偏好的影响也不尽相同。近年来，国内外社会对中国高债务杠杆问题的分析不绝于耳，地方政府债务风险更是成为探讨的焦点。因此本书在这一部分引入一个单位信贷违约冲击，用于假设模拟一旦中国爆发债务违约危机，宏观经济遭受冲击的变化影响。

由图6.6可知，当经济遭遇信贷违约冲击时，信贷活动首当其冲，出现急剧的恶化紧缩。同时伴随着消费、投资与总产出的下降，房地产价格也较冲击之前出现大幅下跌。这是典型的危机现象。与信贷扩张时的逻辑类似，当经济处于衰退期，尤其是爆发了违约风险之后，银行的风险偏好程度将急剧下降，导致私人部门的信贷约束与预算约束的大幅收紧，进一步导致企业部门生产活动受限，家庭部门投资与消费缩减。同时，我们还注意到图6.6中，在冲击发生之后的一段时间内，尽管房地产价格出现缓慢回升，但信贷规模仍持续下降，看似矛盾的现象，其实还是可以由银行部门风险偏好程度下降解释。当爆发违约冲击之后，银行风险偏好程度降低，会增加对信贷的审核强度，减少信贷供给规模。当由银行风险偏好下降导致的信贷供给减少幅度大于房地产价格上升的抵押效应时，银行信贷供给规模依旧会呈现下降趋势。

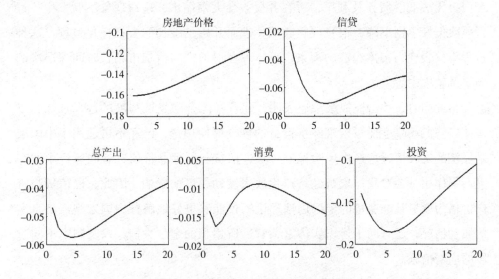

图6.6　信贷违约冲击脉冲响应结果

而通过比较实体总产出与信贷的波动幅度，同样可以发现，在下行期内，金融因素的波幅依旧大于实体因素。可见违约冲击对经济的危害并不能完全由实体经济的增长变化所体现，真实的冲击危害持续时间更长、破坏程度更深。因此政府当局在制定宏观经济政策时，如果没有意识到金融周期波幅更大、周期更长的问题，仅考虑通过遏制短期实体衰退渡过危机，那么很可能会造成未来更加严重的"未完成的衰退"。在应对金融与经济的双重下行阶段时，相比于单纯盯住产出增长率，更应当重视深层次的潜在产出与潜在增长率，并对经济结构中资本存量与劳动资源的配置加以反思，只有解决清楚上述问题，才能真正实现经济的健康持续发展。

结合上述三个冲击的模拟分析，本书发现，当金融市场处于繁荣阶段时，家庭部门对房地产需求偏好的增加，推动了房地产价格上涨，通过抵押效应提升了银行部门的风险偏好，造成银行信贷规模的扩张，进而放松了对家庭与企业的信贷约束，增加了家庭部门的投资消费以及企业部门的产出。其中房地产企业产出的增加使得房地产供给曲线上移，居民对房地产需求的增加使得房地产需求曲线上移，二者共同作用进一步推动房地产价格上涨。上述过程若一直持续下去，必然造成价格泡沫。而一旦经济遭受冲击，价格泡沫破灭，由于资产回报无法抵偿债务及利率，所有者权益会大幅缩水，违约现象不断发生，银行风险偏好急剧下降，信贷严重收缩，进而开始了漫长的去杠杆化过程，这种过程不仅表现为实体经济的萧条，更体现在房地产与信贷市场长时间深层次的向下调整之中。

与此同时，冲击模拟结果还表明，随着我国金融发展程度的逐渐加深，以实体经济波动幅度衡量宏观经济运行的传统周期理论，已经不再适用于中国宏观经济的发展情况；经由风险偏好传导，信贷与抵押品价值二者间所产生的交互增强作用，会对我国宏观经济产生放大波动幅度的影响。因此，以信贷与资产价格为度量基准变量的金融周期理论不仅能够更好地解释中国宏观经济真实的波动情况，还有助于辨识实体繁荣背后所累积的金融失衡，以及制定不同阶段的应对措施。

（二）无限期方差分解与历史分解

在前文冲击结果基础之上，为进一步甄别政策因素对我国宏观经济波动的影响，本书特别在泰勒规则等式中继续引入宏观政策冲击，利用前文 DSGE 模型以及参数估计结果，对 2005 年第一季度至 2015 年第四季度中国的信贷与房地产价格波动情况，进行了包括房地产需求偏好、商业银行风险偏好、贷款违约以及货币政策在内的四个冲击的历史分解。其中，无限期方差分解结果如表 6.16所示，历史分解结果如图 6.7 和图 6.8 所示。

表 6.16　　　　　　　　　　无限期方差分解

变量	冲击			
	房地产需求偏好因素	银行风险偏好因素	违约因素	货币政策因素
信贷	12.84%	55.86%	5.08%	26.22%
房地产价格	39.39%	25.55%	10.12%	24.94%

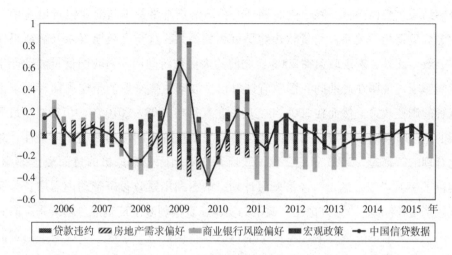

图 6.7 信贷历史分解图

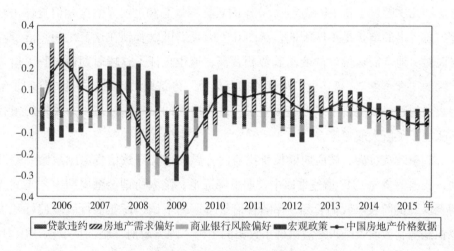

图 6.8 房地产价格历史分解图

表 6.16 给出了 2005 年第一季度至 2015 年第四季度房地产需求偏好、银行风险偏好、违约与货币政策四种冲击对我国信贷与房地产价格波动变化的整体解释力度。总体而言，银行风险偏好的解释力度最强，这与本书之前的分析结论一致。同时，商业银行作为本书理论模型的核心部门，其对信贷波动的解释力度超过其他三个冲击影响的总和，占据绝对优势地位，这也间接地辅证了贷款信用创造理论在我国经济运行中良好的拟合性。

图 6.7 是我国 2005 年第三季度至 2015 年第四季度信贷总量数据波动的历史

分解结果。整体而言，除个别时期外，我国信贷总量基本与商业银行风险偏好的走势呈正相关关系，与贷款违约呈负相关关系，这与无限期方差分解结果保持一致。此外，宏观政策在 2008 年之前的大多数时间内，对我国信贷波动产生负向影响，说明在此期间我国政府针对信贷波动主要采取的是逆周期宏观审慎监管的调控政策。然而在 2008 年之后，尤其是在 2008—2010 年，信贷波动最剧烈的这段时期内，宏观政策走向却与信贷波动呈现出明显的联动正相关性。对此合理的解释是，2008 年底，我国政府为应对国际金融危机的负面溢出效应，实行了一项"四万亿元"经济刺激计划，试图利用财政投资带动内需增长，缓解经济增长问题。"四万亿元"政策的实施，直接刺激了信贷的急剧扩张。同时中国地方政府的融资行为也增加了银行的风险偏好水平，进一步放大了信贷波动的幅度。根据国家统计局公布的统计数据，2008—2010 年这三年我国贷款增量总和几乎超过了新中国成立后 50 年的贷款增量总和。但显然这种信贷过快增速与总产出的增长是不匹配的，从图 6.7 中我们可以看到在这三年间，信贷与居民对房地产需求偏好的变动趋势相背离，这也佐证了这段时期内，我国信贷扩张的"非理性"。事实上，尽管"四万亿元"经济刺激计划在短期内抑制了经济衰退的趋势，但由于缺乏实际需求，过快增长的信贷为近几年大规模的银行坏账埋下了巨大的隐患。

刺激政策过后，被前期增长所掩盖的金融失衡又导致信贷急剧地紧缩性波动，我国信贷与 GDP 增速重回中长期下降通道，陷入所谓金融周期中"未完成的衰退"的阶段。我们看到，伴随着信贷增速的下调，商业银行风险偏好程度也在经济刺激政策结束之后出现了大幅的下降。地方政府面临的债务偿还压力，以及房地产等行业的信贷违约风险集中暴露，使得银行积累了大量的坏账压力，在此种情况下，银行必然会收紧其信贷约束，而这恰恰是前期非理性增长引发的"去杠杆"调整结果。由图 6.7 可以看出，2013 年之后，房地产行业去库存的"顺周期"紧缩效应也越发明显。而当前中国大多数企业的盈利能力下滑，有些企业甚至已经处于净资产回报率低于外部借贷成本的状况，这也是为何我国近年来低利率宽松货币政策的实际作用弱于预期的原因。

现阶段我国经济处于调结构、稳增长的"新常态"之中，既要实现稳步去杠杆，避免"断崖式"经济下落，又要防止通缩风险触动金融加速器引发"债务—通缩—大萧条"机制，这对我国宏观经济政策的制定提出了严峻的挑战。为实现"低痛感去杠杆"，政府当局应当吸取"四万亿元"经济政策的经验教训，不能只着眼于通过压低短期融资总量的方式实现短期去杠杆目标，这样的结果很可能会导致后期越压越高，更应当着眼于中长期经济的可持续健康发展，防止出现遏制了短期问题，却陷入长期萧条之中的困境。

图6.8是我国2005年第三季度至2015年第四季度房地产价格波动的历史分解结果。首先，整体分析发现，房地产需求偏好与房地产价格的波动趋势一致性最强，二者呈现出的同步联动现象十分明显。其次，在大多数时间内，宏观政策因素对我国房地产价格的影响属于逆周期调控范畴。由图6.8可以看出，受国际金融危机爆发的影响，我国房地产需求偏好也呈现出明显的下降趋势，同时房地产价格也出现大幅下跌的状况。我国政府为应对"热钱"流出效应造成的资产价格下跌，采取了一系列逆周期审慎政策，其中就包括了前文提及的"四万亿元"经济刺激计划。到2010年，宏观政策作用的逐渐凸显，对房地产价格波动的影响一度超越了房地产需求偏好，成为影响房地产价格波动的主要原因。

然而，房地产价格短暂的上升势头却并没有一致延续下去，随着刺激政策的结束，2013年之后，我国房地产市场再次陷入萧条期。由图6.8可以看到，银行风险偏好与房地产需求偏好的下降是造成2013年萧条期的原因；同期内政策因素对房地产价格的影响则主要为逆周期审慎调控。对于银行需求偏好，由于在"四万亿元"经济刺激时期，地方政府债务的偿付能力严重依赖土地出让的收入，房地产的价格波动直接影响到地方政府未来的偿债能力和信用问题，因此当房地产出现下降趋势时，银行业偏好将明显降低，收紧房地产企业的信用约束，在这种情形下，房地产市场的低迷状态，对于地方可支配财政收入、地方债务风险和当地经济增长的负面影响不言而喻。而房地产需求偏好的下降主要分为刚性需求下降与投资需求下降两类。其中刚性需求下降的主要原因在于，当前我国人口结构中对住房具有刚性需求的人口数量占比在逐渐下降。因此对房地产市场的支撑力度逐渐减弱；而银行风险偏好下降，造成居民投资房地产的信贷约束被收紧，房地产投资性需求也因此缩减。与此同时，尽管国务院不断取消城市房地产限购政策以刺激房地产市场的复苏，但由图6.8可以看出，逆周期刺激政策的效果并不理想。这表明，市场对房地产看涨的预期已经彻底发生转变，政策性调控暂且无法扭转当前我国房地产行业的整体下行趋势。由此也可以看出，曾经不恰当的宏观经济政策不仅没有帮助经济彻底摆脱下行趋势，恢复增长水平，反而有可能将整体宏观经济拖入更加难以调控的境地。

6.4 本章小结

本章在比较中国金融周期与经济周期二者区别与联系的基础上，以现代金融体系中的货币信用创造为切入视角，对中国金融周期与经济周期的差异成因进行了深入剖析。

首先，本章比较了中国金融周期与经济周期的特征差异，实证研究了中国金融周期与经济周期二者间的联系。研究发现，中国金融周期与经济周期二者并不完全一致。一方面，中国金融周期比经济周期的波动幅度更强，周期长度更长。另一方面，中国金融周期对经济周期存在明显的领先效应。而二者的这种周期性差异的背后，实质上体现的是中国金融市场与实体经济之间的背离。

其次，根据货币数量方程 $MV = PY$，本章选择以货币信用创造作为理解中国金融周期与经济周期差异的切入视角。在全面梳理现代金融体系中货币创造源头与信用派生机制的基础上，本章构建了一个包含货币内生机制的动态随机一般均衡（DSGE）模型，深入剖析了货币信用创造理论下我国金融周期与经济周期的差异成因，进而完整阐释了信用货币在我国"从哪里来""到哪里去"的问题。DSGE 模型的脉冲响应与方差分解结果表明，商业银行信用供给的流向，是造成我国金融周期与经济周期存在差异的主要原因。根据货币信用创造理论，当金融市场处于繁荣阶段时，一方面，资产价格上涨，引发抵押品价值上升，致使商业银行风险偏好增加，银行的信贷供给意愿增强，从而导致商业银行会创造出更多的信用货币。另一方面，资产价格上涨，将增加私人部门利用借贷杠杆投资金融市场的意愿，因此，商业银行所创造的信用货币主要注入的是我国金融市场，而并没有进入实体经济，从而造成我国金融周期与经济周期出现背离。

第七章

金融周期对金融稳定的作用分析

7.1　金融周期与金融波动的区别与联系

7.1.1　金融波动的概念与度量

经典经济学文献对金融波动（Financial Volatility）的具体定义为，某一金融时间序列在特定样本区间内的波动程度。这里，"样本区间"是金融波动概念中最重要的限定成分，因为它界定了金融波动的时间属性。一般而言，在提及"金融波动"时，通常是指在某一特定时间内，金融变量的波动程度。换言之，金融波动是对金融变量波动程度的具体测量。因此，单独论及"金融波动"是没有任何实际意义的，金融波动的含义是需要与某一具体的金融变量进行结合分析的。

在明晰了金融波动具体概念的基础上，本书进一步论述金融波动的度量方法。一般而言，金融波动可以用金融变量时间序列的 5 期移动标准差进行定量度量。使用移动标准差衡量金融波动的好处是，它既可以横向显示金融变量在样本区间各时段内的波动程度，又可以纵向呈现金融波动随时间的变化趋势。

图 7.1 显示的是全球主要发达经济体与新兴市场经济体①金融波动的度量结果，它是由两类主要经济体金融周期时间序列的 5 年移动标准差测算而得的。

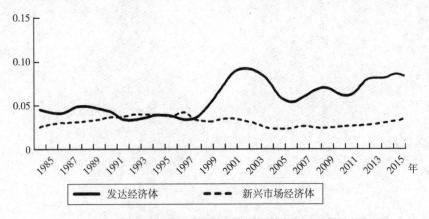

图 7.1　发达经济体与新兴市场经济体金融波动情况

7.1.2　金融周期与金融波动的比较分析

国际金融危机之后，随着金融周期理论（Financial Business Cycle，FBC）的兴起，经济学家开始重新反思金融周期与金融波动对一国宏观稳定的影响作用（Schularick and Taylor，2009；Mendoza and Terrones，2012；Borio，2014）。然而，已有研究文献却经常混淆了金融周期（Financial Cycle）与金融波动（Financial Volatility）二者的概念。事实上，虽然金融周期是金融系统周期性波动的具体体现，但它与金融波动的含义并不是完全一致的。在这一节中，本书将通过对全球主要经济体金融周期与金融波动的度量比较，分析二者的区别与联系。

首先，金融周期与金融波动在时间维度上存在概念差异。具体而言，与金融波动的特指概念不同，金融周期在时间维度上是一个泛指概念，并不存在具

---

①　根据国际货币基金组织（IMF）的分类标准，本书选取的发达经济体包括美国、英国、加拿大、新西兰、澳大利亚、挪威、瑞典、瑞士、日本、韩国、新加坡、中国香港以及欧元区的德国、法国、意大利与西班牙；新兴市场经济体则包括"金砖五国"的中国、印度、俄罗斯、巴西与南非，欧洲的波兰、匈牙利、土耳其、保加利亚、罗马尼亚与塞尔维亚，亚洲的蒙古国、泰国、菲律宾、柬埔寨、马来西亚、印度尼西亚、马尔代夫与斐济，拉丁美洲的墨西哥、阿根廷、智利、玻利维亚与哥伦比亚。

体的特指性。因此，如果需要描述金融周期时间层面的特定范围，通常会采用诸如"金融周期上行阶段"这样的表达方式。

其次，金融周期不同阶段的波动程度（Financial Cycle's Volatility）与金融波动（Financial Volatility）存在对应关系。具体而言，虽然金融周期本身是一个泛指性的概念，但只要将金融周期区分为不同阶段，就相当于对"金融周期"这个泛指时间概念加入了限制性定语，从而不同的金融周期阶段就可以与金融波动建立起对应关系。图7.2是本书对全球主要发达经济体和新兴经济体1985—2014年金融周期的测算结果。[①] 根据图7.1与图7.2的对比结果，本书可以得出以下结论：其一，金融波动与金融周期二者的概念是不同的，金融波动是金融周期在不同阶段内波动程度的具体体现。一个直观的例子是图7.1中列出的全球主要经济体的金融波动度量结果。从图7.1可以看出，各经济体金融波动的周期长度均在8年以下，明显小于各经济体金融周期10~20年的周期长度。显然，金融周期与金融波动二者是存在差异的。其二，金融周期在不同阶段内的金融波动是存在差异的。金融周期异质性金融波动的主要体现为：当金融周期处于周期波峰（对应过度繁荣期）或周期波谷（对应深度衰退期）时，金融波动程度较高，金融市场的稳定性较差；当金融周期处于正常运行期（包括正常的上行阶段与正常的下行阶段）时，金融波动的程度较低，金融市场的稳定性较好。

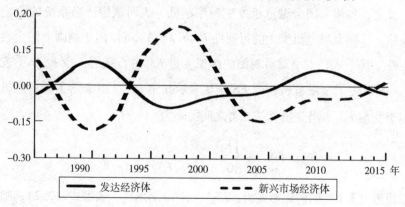

图7.2 发达经济体与新兴市场经济体金融周期

① 金融周期的测算方法与本书第五章测算中国金融周期的方法保持一致，具体为信贷总量、信贷/GDP与房地产价格选取基于在32Q~120Q频率范围内的BP滤波结果均值。

7.2 金融周期与金融波动对金融稳定的一般性作用规律

本节将在 7.1.2 节的基础上，通过对全球 16 个主要发达经济体与 24 个主要新兴市场经济体[①] 1985—2014 年面板数据的实证分析，进一步系统考察金融周期与金融波动对一国金融稳定影响作用的普遍规律。

7.2.1 实证模型设定与变量数据选取

本书的动态面板回归模型为

$$FS_{it}^* = \alpha + \beta_c FC_{it} + \beta_v FV_{it} + \beta_x X_{it} + \gamma_i + \varepsilon_{it} \tag{7.1}$$

首先，模型（7.1）中的被解释变量 FS_{it}^* 为金融稳定。然而，目前的经济学研究尚无法实现对一国金融系统稳定性的直接观测。因此，本书参照 Levine（2000）与陈雨露等（2016）的变量替换方法，将是否发生金融危机（Financial Crisis）作为一国金融稳定 FS_{it}^* 的虚拟变量 FS_{it}，并对其采用标准二元"0 - 1"赋值法，将模型（7.1）进一步转化为二元选择 Probit 面板模型，从而实现对金融周期与金融稳定关系的实证研究。

具体而言，如果一国金融危机发生的频率越高，表明该国金融系统稳定性越差；反之，如果一国金融危机发生频率越低，表明该国金融系统的稳定性越好。显然，一国金融危机发生的可能性 $Prob(FS_{it})$，可以用于刻画一国金融系统的稳定性。接下来，本书对可观测的虚拟变量 FS_{it} 进行赋值：令 $FS_{it} = 1$ 表示在第 t 年 i 国发生了金融危机；令 $FS_{it} = 0$ 表示在第 t 年 i 国未发生金融危机。因此，虚拟变量 FS_{it} 与潜变量 FS_{it}^* 二者之间关系为

$$FS_{it}^* = \begin{cases} 1, & \text{当} \quad FS_{it} > 0 \\ 0, & \text{当} \quad FS_{it} \leq 0 \end{cases} \tag{7.2}$$

设模型（7.1）的简化形式为：$FS_{it}^* = \delta Y_{it} + \gamma_i + \varepsilon_{it}$，根据式（7.2），则

$$Prob(FS_{it} = 1) = Prob(FS_{it}^* > 0) = 1 - F(-\delta Y_{it}) = F(\delta Y_{it}) \tag{7.3}$$

[①] 本节对发达经济体与新兴市场经济体的样本范围与 7.1.2 节保持一致。

其中，设 t 为 δY_{it} 的标准化数值，则 Probit 模型的累积正态概率分布函数 F 为

$$F(\delta Y_{it}) = \frac{1}{\sqrt{2\pi}} \int_{-\infty}^{\delta Y_{it}} e^{-\frac{t^2}{2}} \mathrm{d}t \tag{7.4}$$

对于模型中虚拟变量 FS_{it} 的赋值，1985—2012 年 FS_{it} 的数据来源为 Leaven 和 Valencia（2012）所构建的全球经济体金融危机样本库；而对于 2012—2014 年虚拟变量 FS_{it} 的赋值，本书基于 2012 年欧债危机之后，样本内经济体均未发生过大规模的金融危机的基本事实，对 2012 年之后的 FS_{it} 统一赋值为 0。

其次，实证检验回归模型中各变量下标中的 t 表示时间，i 表示国别。回归检验的核心解释变量分别为金融周期（FC_{it}）与金融波动（FV_{it}）。控制变量 X_{it} 为其他可能影响一国金融稳定的因素。根据陈雨露等（2016），控制变量主要包括宏观经济层面的工业化程度（indus）、资本形成率（cap/gdp）与一国的贸易条件（trade）以及金融层面的总储蓄率（save）与存款利率（deporate）。α 为常数项，γ_i 为个体效应，ε_{it} 为残差项。

在核心解释变量中，对于核心解释变量 FC_{it}，本书在 7.1.2 节样本内经济体金融周期滤波结果的基础上，根据 Bezamer 和 Zhang（2014）与陈雨露等（2016）的方法，进一步将金融周期划分为繁荣期（位于金融波峰前后 1 年之间，peak）、衰退期（位于金融周期波谷前后 1 年之间，trough）以及正常运行期（包括金融周期的正常上行阶段与正常下行阶段，normal）等三个具体阶段，如图 7.3 所示。同时，本书将按照金融周期三个运行阶段的划分，分别对每一阶段进行二元 Probit 回归分析。对于落入繁荣区间的金融周期样本数据，本书记 peak = 1，否则 peak = 0；对于落入衰退区间的金融周期样本数据，本书记 trough = 1，否则 trough = 0；对于落入正常运行区间的金融周期样本数据，本书记 normal = 1，否则 normal = 0。对于核心解释变量 FV_{it}，本书采用与 7.1.1 节相同的测算方法，以各经济体金融周期的 5 年移动标准差作为金融波动变量的度量数据。对于 Probit 回归中的其他控制变量，本书的数据来源为 Wind 数据库与 CEIC 数据库。

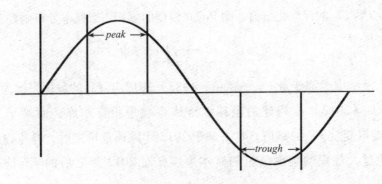

图 7.3　金融周期变量的识别示意图

7.2.2　金融周期与金融波动对金融稳定影响作用的回归分析

金融周期与金融波动对金融稳定影响的二元 Probit 模型的回归结果如表 7.1 所示。首先，本书分析当金融周期（FC_{it}）处于正常运行阶段（$normal$）时，金融周期变量（FC_{it}）与金融波动变量（FV_{it}）对经济体金融稳定（FS_{it}^*）的影响。其一，在金融周期的正常运行期内，金融周期（FC_{it}）与模型虚拟变量金融危机（FS_{it}）在 1% 水平下呈显著的负相关关系。这说明，在金融周期的正常运行阶段内（$normal$），经济体爆发金融危机（FS_{it}）的可能性较低，正常运行的金融周期有助于促进经济体提升本国金融系统的稳定性（FS_{it}^*）。其二，在金融周期的正常运行阶段内，金融波动（FV_{it}）与虚拟变量金融危机（FS_{it}）在 5% 水平下呈显著的正相关关系。这意味着，虽然在正常运行期内，金融周期自身不会对金融稳定产生负面影响，但金融周期波动性（FV_{it}）的上升还是会增加经济体爆发金融危机（FS_{it}）的风险，从而对一国的宏观金融稳定（FS_{it}^*）产生显著的负面影响。事实上，正常运行期内，金融周期（FC_{it}）与金融波动（FV_{it}）对金融稳定（FS_{it}^*）的反向影响作用，也从一定程度上印证了本书 7.1.2 节所论述的金融周期与金融波动在时间维度上的概念区别。

表 7.1　　　　金融周期与金融波动对金融稳定的 Probit 回归结果

变量	正常运行期（$normal$）	繁荣期（$peak$）	衰退期（$trough$）
FC	− 0.581 ***	0.197 ***	0.532 ***
FV	0.011 **	0.031 ***	0.021 ***

续表

变量	正常运行期 （normal）	繁荣期 （peak）	衰退期 （trough）
indus	0.363	0.328	0.157
cap/gdp	− 4.431 ***	− 4.593 ***	− 3.361 ***
trade	− 15.107 ***	− 9.399	− 16.011
save	− 2.105 ***	− 2.105 ***	− 1.917 ***
deporate	0.008	0.008	0.006
McFadden R^2	0.563	0.582	0.571
LR	172.28 （0.000）	181.55 （0.000）	171.16 （0.000）
sample	1200	1200	1200

注：***、** 和 * 分别代表在1%、5% 与10% 水平下显著，似然比 LR 下方括号中显示的是其 P 值。

其次，本书分析当金融周期处于过度繁荣阶段内，金融周期变量（FC_{it}）与金融波动变量（FV_{it}）对经济体宏观金融稳定（FS_{it}）的影响。根据表 7.1，当金融周期处于其波峰（peak）附近时，无论是金融周期本身（FC_{it}）还是金融波动（FV_{it}）都与 Probit 模型中的虚拟变量 FS_{it} 在1% 水平下呈显著的正相关关系，这意味着在金融周期的繁荣期内，不仅金融波动（FV_{it}）会增加经济体遭遇金融危机 FS_{it} 的可能性，过度繁荣的金融周期（FC_{it}）本身也会降低金融系统的稳定性（FS_{it}^*），甚至成为爆发金融危机（FS_{it}）的根源。同时，金融周期过度繁荣阶段内金融波动（FV_{it}）对虚拟变量金融危机（FS_{it}）的影响系数为 0.031，明显大于其在金融周期正常运行阶段内对金融危机（FS_{it}）的影响系数 0.011，金融波动（FV_{it}）对金融危机发生可能性（FS_{it}）的显著性影响程度也从 5% 上升到 1%。这表明，当金融周期（FC_{it}）处于其波峰（peak）附近时，金融波动（FV_{it}）对金融系统稳定性 FS_{it}^* 的破坏程度明显增强。即随着金融波动性（FV_{it}）的上升，经济体遭遇金融危机（FS_{it}）的可能性增大，金融系统的稳定性（FS_{it}^*）明显减弱。事实上，金融周期过度繁荣期内的 Probit 回归结果，与"金融周期波峰之后紧随金融危机"这一特征十分吻合（Borio，2014）。

最后，本书分析当金融周期（FC_{it}）处于其波谷（trough）附近时，金融周期（FC_{it}）与金融波动（FV_{it}）对经济体金融稳定（FS_{it}^*）的影响。表 7.1 的

Probit 回归结果显示，一方面，当金融周期（FC_{it}）处于深度衰退期时，金融周期变量（FC_{it}）与金融波动变量（FV_{it}）均在 1% 水平下与虚拟变量 FS_{it} 呈显著正相关关系。这说明，当金融周期运行至波谷附近时，严重的信贷收缩会加重金融系统的内在"金融脆弱性"，从而导致经济体爆发金融危机的可能性（FS_{it}）显著增强。另一方面，在金融周期（FC_{it}）波谷附近时，金融波动（FV_{it}）与虚拟变量（FS_{it}）在 1% 水平下呈显著正相关关系。这表明，在深度衰退期内，金融体系波动性（FV_{it}）的上升，将增加经济体爆发金融危机的概率，破坏金融系统的稳定性（FS_{it}^*），不利于宏观金融的稳定发展。

由此可见，金融周期的不同运行阶段与不同阶段内的金融波动对金融稳定的影响是异质性的。分析二者的异质性特征，对于深入剖析金融周期对一国宏观金融稳定的影响是至关重要的。具体而言，其一，当金融周期处于正常运行阶段时，金融周期并不会导致经济体爆发金融危机，金融周期本身对金融系统的稳定运行具有积极作用。但当金融周期由正常上行期转轨至过度繁荣期，或由正常下行期转轨至深度衰退期时，金融周期自身对金融系统稳定性的影响由正转负，这两个时期内，金融周期本身就可能成为诱发金融危机的根源，并不利于经济体实现宏观金融稳定。其二，不同金融周期阶段内，金融波动对金融稳定的异质性作用，体现在其影响程度上。当金融周期处于正常运行阶段时，金融波动对金融稳定的负面作用较小；当金融周期运行至波峰或波谷附近时，金融波动对金融稳定的抑制效应较强。但无论在金融周期的哪个运行阶段内，金融波动都将加大金融系统的脆弱性，增加金融危机爆发的可能性，对经济体宏观金融稳定产生负面影响。

7.3 金融周期对金融稳定的影响：基于中日两国的比较分析

根据本章 7.2 节的分析可知，金融周期与金融波动对一国宏观金融稳定具有重要的影响作用。因此，正视金融周期与金融波动，对于一国政策当局制定宏观经济政策具有重要意义。如果当局没有意识到金融周期的重要意义，仍然根据传统的经济周期理论制定相关政策方针，那么将很可能忽视了繁荣表象背后所累积的金融风险，从而导致宏观经济的结构性失调困境。事实上，20 世纪80 年代后期至 90 年代初期，日本泡沫经济的出现就是政策当局忽视金融周期与金融波动的典型事实教训。

纵观中日两国经济发展历程，在 1985 年"广场协议"之后，日本政府为应对日元升值对经济产出的抑制效应，先后投入了两轮总值 42 万亿日元的财政刺激政策。不仅如此，为进一步拉动经济增长，日本政府还不断以宽松的货币政策向经济投放大量的流动性。其中仅在 1986 年 1 年之内，日本政府就连续实施了四次"降准"措施。与此同时，日本境内的金融自由化改革进程也在如火如茶地向前推进。1985 年前后，日本当局先后开展了利率市场化改革与金融产品创新等一系列推动金融自由化的改革举措。虽然日本政府这些刺激行为在短期内遏制了其本土经济增长下滑的态势，但过于宽松的金融约束也迅速催生出膨胀的资产价格泡沫。受 2008 年国际金融危机的影响，中国经济增长也出现下滑趋势。为应对这一现象，中国政府相继出台了宽松型货币政策和大规模经济刺激计划。扩张性的宏观经济政策，衍生出中国高企的影子银行规模，助推了中国房价泡沫的膨胀，但中国国内实体经济的增长率却仍然存在较大的下行压力。

从比较经济学视角分析，国际金融危机之后中国的经济与"广场协议"后的日本泡沫经济有着极为相似的宏观背景与政策环境。然而，20 世纪 90 年代初期，日本政府在不堪压力的情况下，急速扭转货币政策方向，捅破了日本的金融泡沫，导致日本经济"硬着陆"，开始了长达 20 年的大萧条与资产负债表衰退。以史为鉴，日本泡沫经济的经验教训给中国带来了怎样的启示意义？在看似相同的泡沫背后，中日两国的金融周期与金融波动是否完全一致？金融周期与金融波动对两国金融系统稳定性的影响机制又是什么？本节正是基于对上述问题的思考，在前文金融周期一般性影响规律的基础上，以中日两国金融周期与金融波动的异同比较作为切入视角，深入剖析了金融周期对金融稳定的具体影响机制。

7.3.1　中日两国金融周期与金融波动的比较分析

首先，本书沿用第五章 5.2 节中国金融周期的测算方法，对 1980 年第一季度至 2015 年第四季度日本中期低频范围内①的金融周期进行了系统的测算。结果如图 7.4 所示。图 7.5 是经由主成分分析法测算的中日两国金融周期的对比结果。对比图 7.4 与图 7.5 可以看出，日本金融周期的最大波幅为 0.06，而中国金融周期最大波幅仅为 0.011。显然，日本金融周期的波动性明显大于中国金融周期。

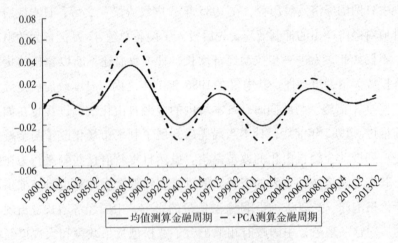

图 7.4　日本金融周期测算结果

（资料来源：Wind 与 CEIC 数据库，经作者整理计算）

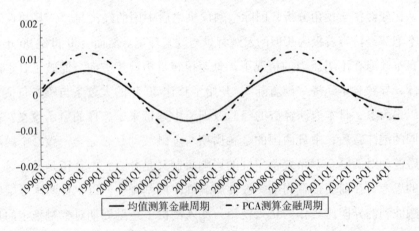

图 7.5　中国金融周期测算结果

（资料来源：Wind 与 CEIC 数据库，经作者整理计算）

---

① 日本金融周期的 BP 滤波频段为 32Q～120Q。

其次，在中日两国金融周期测算结果的基础上，为实现对两国不同阶段内金融周期的分析比较，本书进一步测算了中日两国的金融波动，从而揭示两国在金融稳定方面的本质差异。由于本书测算中日两国金融周期采用的是季度频率数据，因此，按照本书 7.1.1 节论述的金融波动测算方法，本书以中日两国金融周期的 5 个季度的移动标准差，度量了两国金融周期样本区间内的金融波动，具体如图 7.6 所示。依据图 7.4 至图 7.6 的直观比较，本书可以得到以下结论：其一，日本金融周期各个阶段的金融波动均明显大于中国。因此，根据 7.2.2 节金融周期与金融波动对金融稳定的影响作用规律，这表明，在样本区间内，中国金融体系的稳定性均明显好于日本。其二，在样本区间内，日本金融周期波动性先升后降，于 20 世纪 80 年代末至 90 年代初这段泡沫经济期内达到最强，此后逐渐减弱，呈现出一定的"驼峰状"；而中国金融周期的波动性则始终表现为均匀平稳的状态。这说明，尽管当前中国房地产价格等金融变量存在一定的泡沫现象，但这与 20 世纪 90 年代初期的日本资产泡沫是具有本质区别的。现阶段中国金融系统的稳定程度明显优于泡沫时期的日本，目前中国的金融波动风险并不存在异常极值，整体仍处于正常区间范围内。

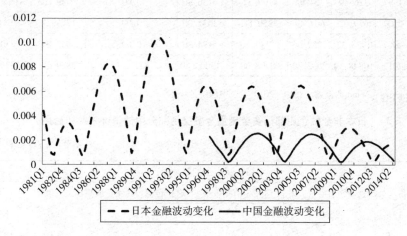

图 7.6 中日金融波动度量对比结果

7.3.2 基于金融周期视角的中日两国金融稳定差异分析

本书 7.3.1 节关于中日两国金融周期与金融波动的比较结果表明，两国金融系统的稳定性是具有本质区别的。对于造成这种差异的原因，本书可以从金融周期传导链条中的关键环节着手进行分析。具体而言，本书将结合表7.2与表7.3中日两国的资金流量表，逐一比较两国在货币政策导向、融资可得性和市场预期三方面的异同之处，从而寻找出两国金融稳定性差异的实质成因。

表7.2　中国非金融企业部门资金流量金融交易部分中的资金来源和运用

单位：10亿元人民币

资金运用						
年份	通货	存款	证券	其中：股票	未贴现的银行承兑汇票	外商直接投资	合计
1993—1997	98.63	2258.96	0.29	—	0.00	21.24	2799.25
1998—2002	64.33	3450.06	—	—	0.00	121.92	4000.40
2003—2007	117.92	9154.23	—	—	0.00	368.49	11358.70
2008—2013	251.69	29953.10	925.36	363.16	5187.20	2243.39	51325.70

资金来源						
年份	证券	其中：股票	贷款	净金融投资	未贴现的银行承兑汇票	外商直接投资	合计
1993—1997	226.49	204.95	5190.32	−4136.90	0.00	366.71	6935.97
1998—2002	679.02	607.49	5250.58	−3631.00	0.00	1775.21	7631.30
2003—2007	1973.37	1259.66	11348.30	−5194.80	0.00	3039.93	17300.70
2008—2013	10828.30	2502.80	46908.60	−15008.80	4411.60	5829.70	55264.40

资料来源：Wind 数据库、2010—2013 年《中国统计年鉴》。

表7.3　日本非金融企业部门资金流量金融交易部分中的资金来源和运用

单位：万亿日元

资金运用（期间总计）					
年份	通货·存款·CD	信托·信托投资	有价证券	其中：股票	CP	合计
1970—1974	26.8	1.4	3.5	2.7	0.0	83.7
1975—1979	29.9	2.6	5.2	2.2	0.0	87.7
1980—1984	35.2	3.0	9.4	2.4	0.0	105.6
1985—1989	85.7	36.4	5.2	10.9	2.8	228.9
1990—1994	−6.5	15.4	−1.4	−3.7	−0.2	34.5
1995—1998	17.9	26.5	−0.2	−7.7	3.3	63.4

续表

资金来源（期间合计）					
年份	有价证券	其中：股票	CP	银行贷款	净金融投资	合计
1970—1974	7.7	5.0	0.0	66.9	−37.5	83.7
1975—1979	11.2	5.7	0.0	61.9	−26.3	87.7
1980—1984	16.9	9.4	0.0	94.5	−40.0	105.6
1985—1989	53.9	23.7	13.1	156.8	−61.8	228.9
1990—1994	34.1	7.9	−3.4	121.1	−113.1	34.5
1995—1998	5.0	7.4	4.4	−23.7	65.4	63.4

资料来源：2003 年日本银行《主要经济和金融数据》。

第一，不同的金融波动背后是相同的宽松货币政策。

回顾日本泡沫经济发展历程，货币政策可谓是重要的幕后推手。在与美国签订"广场协议"之后，为弥补日元升值对出口经济造成的损失，日本政府努力通过扩大内需促进经济增长。因此，日本中央银行在 1986—1987 年这短短两年间，连续五次降息降准，开启了一轮大幅的货币政策宽松周期。宽裕的流动性不断涌入日本的房地产和股票市场，催生了日本资产价格泡沫。而自 2012 年起，随着中国经济增速步入下降通道，为稳定经济增长、避免出现经济硬着陆，中国货币当局也开启了"降息降准"的宽松货币政策周期。单就货币政策导向而言，中国所采取的应对措施，与日本泡沫时期的策略极为相似。

根据表 7.2 和表 7.3，在宽松货币政策时期，中日两国非金融部门可调度的资金来源均远超实际资金缺口。日本非金融企业部门在 20 世纪 70 年代初经济高速发展时期，资金缺口共计 37.5 万亿日元，而资金来源总计 83.7 万亿日元，后者已然是前者的 2 倍之多。可以看到，日本在其经济的高速增长期内，已经显露出非金融部门资本过剩的问题。但日本政府对此并没有采取防范政策，反而为了抑制"广场协议"对经济增速的负面影响，不断放水货币政策，任由势态继续扩大，产生了大量的过剩流动性。到了泡沫经济时期，在 1985—1989 年，日本非金融部门资金缺口共计 62 万亿日元，资金来源却达 229 万亿日元，过剩的资金供给达实际需求 3 倍之多。政府对此依旧未产生任何警觉意识，过剩流动性不断涌入房地产和股票市场，催生了巨大的资产价格泡沫和高杠杆。

中国也同样存在上述问题。2008 年国际金融危机爆发之前，在经济高速增长期内，中国非金融企业部门资金供给（资金来源 1.7 万亿元）接近需求（资金缺口 0.59 万亿元）的 3 倍。而在国际金融危机爆发之后，受宽松货币政策与"四万亿元"经济刺激计划的叠加影响，中国非金融企业部门资金来源进一步增加至需求缺口的 4 倍。大量流动性涌入房地产市场，造成了房地产价格泡沫这一负面的宏观效应。

那么，同样是宽松货币政策催生的资产价格泡沫，为何在日本会进一步引发金融危机，对宏观经济造成巨大破坏，而在中国造成的金融波动尚处于正常区间，无爆发金融危机的风险？接下来，本书将结合资金流量表，通过对两国融资可得性与市场预期的比较，给出具体的答案。

第二，融资可得性区别是造成两国金融稳定性差异的关键原因。

如果说宽松货币政策是房价泡沫的助推剂，那么融资可得性则是决定价格泡沫膨胀程度的发动机。表 7.2 与表 7.3 对中日两国融资来源的比较结果显示，中国非金融企业融资渠道的广度明显低于日本。银行贷款占日本非金融企业部门总资金来源的比例，从经济稳定增长期间 20 世纪 80 年代初期的 90%，下降到泡沫膨胀期内的 69%，企业融资对银行的依赖程度下降明显。而分析中国非金融企业资金来源结构，可以发现国际金融危机前后，银行贷款在总融资来源中的占比，一直维持在较为稳定的状态，并始终占据资金来源的最主要位置。

造成两国融资结构差异的主要原因在于中日两国金融自由化程度不同。自20 世纪 80 年代中期开始，日本政府积极推动日本国内的金融自由化进程，极大地拓宽了日本企业的融资渠道，多元化的融资模式逐渐使企业摆脱了银行的融资约束限制。具体而言，一方面，日本的金融自由化改革转变了日本企业传统的融资模式。在自由化改革之前，日本的大型企业往往只能从商业银行获取信贷供给，尤其是日本的大型制造企业，由于其所需生产成本过高，通常只能选择依赖银行。但金融自由化改革之后，商业银行的信贷约束被大大减弱，日本出现了一大波企业"去银行化"的现象趋势。另一方面，银行商业为竞争贷款资源，只能被迫不断降低贷款利率。丰富的融资渠道与低廉的融资成本，降低了日本企业的融资约束，抬高了日本企业的投机偏好，导致大规模财务投机资金涌入日本资本市场，放大了资产价格泡沫。同时，由于房地产等资产自身又具有抵押品属性，这进一步增加了企业的融资可得性，形成了"高价格—低融资成本—高融资可得性—高价格"的循环。这种循环几乎已经脱离了实体经济，其波动主要发生在金融体系内部，势必会对日本的金融稳定性产生巨大风险。可以说，正是日本政府不适当的金融自由化改革，给企业恶劣的财务投机行为提供了温床，为日本金融的泡沫膨胀提供了发动机。与日本相比，中国非金融企业的融资约束一直保持在相对较高的状态。根据表7.3，尽管中国非金融企业的资金来源在国际金融危机前后均处于宽裕状态，但所增加的资金来源仍主要是银行贷款。与此同时，由于中国政府一直采取较为审慎的金融监管态度，对影子银行规模等监管调控力度较强。因此，在全球大多国家和地区受国际金融危机创伤较重之时，中国宏观经济尽管也受到一定程度的波及，但金融系统的波动程度仍在可控范围之内，并未爆发大规模的金融危机。

第三，两国政府对市场预期的监管调控政策，同样会影响两国金融系统的稳定性。

首先，两国非金融企业资金用途的差异说明两国的市场预期不同。对比中日两国资金流量表可以发现，日本的非金融企业在其资金运用过程中，存在明显的财务投机行为。在1990—1994年日本泡沫经济时期，收益率较低的存款在日本非金融企业的资金运用中一度已经出现负值。这表明日本的非金融企业在极力减少对低回报资金的运用，而是加大投资于股票与房地产等高收益率的资产。而中国企业则对高风险金融资产持有相对保守的态度。从统计数据来看，企业存款占中国非金融企业的总资金用途比例一直呈上升趋势，增速一直与企业效益等因素密切相关。同时也并没有出现财务投机的狂热逐利现象，中国企业的股票投资占比始终处于较为平稳的状态，综合结果表明中国非金融企业对高风险金融资产投资尚持理性审慎态度。

其次，两国非金融企业风险偏好差异主要来自两国政府的调控政策。在泡沫经济时期，日本政府对待房地产价格泡沫采取了放任自流的监管态度，市场在缺乏政府的供需调控下，出现了预期刺激泡沫膨胀的状况。具体而言，极度宽松的货币政策通过下调基准利率，降低了非金融部门的融资成本，增加了私人部门对风险投资的需求，不断激发企业与居民对资产价格的上涨预期，进一步放大了日本的资产价格泡沫。而国际金融危机之后，在中国市场出现房地产价格泡沫端倪时，政府当局为应对由市场预期引发的供求攀升状况，实施了明显的审慎调控政策。2011年起国务院与各地方政府相继出台了"新国八条"、房产税与限购令等一系列抑制房价过快上涨的调控政策，有效地对市场降温，阻击了过热投机预期在金融系统内的传导，将金融波动控制在了正常范围之内。

因此，对比中日两国金融周期的历史经验可以发现，在经济由高速向中低速转型的结构调整期内，为保障经济的平稳过渡，均会存在宽松的货币政策环境；同时也会伴随着出现房地产价格的上涨，甚至房地产价格泡沫的负面作用。此时，在市场失灵的情况下，一国政策当局的风险认知将成为把控一国金融系统稳定性的关键因素。为避免单一的资产价格泡沫演变成金融系统的整体过热，一国的政策当局必须采取强有力的监管措施，限制非金融企业的投机行为。同时，还应当加大力度稳定市场预期。在这方面，不同于日本政府的盲目乐观与放任自流的监管态度，中国政策当局则对房价泡沫与宏观金融稳定，保持了较为清醒的认知。受益于对金融自由化的审慎调控意识，中国政府有效地抑制了金融系统发生巨幅波动的风险，避免了重蹈日本金融危机的覆辙。

根据上文分析，本书得出结论：政府对融资可得性与市场预期的管理，是造成中日两国金融周期波动性差异的实质原因。那么作为联结政府与市场的核心中枢，银行的信贷流向，对于理解两国金融周期与金融波动的差异同样具有重要意义。所以，接下来，本书将结合表7.4与表7.5中日两国银行部门放款结构，深入理解两国金融周期与金融稳定背后的深层次差异。

表7.4　　　　　　　　日本国内银行的放款结构　　　　　　单位：%

年份	制造业	私人部门	房地产业	金融业
1985	25.6	10.2	7.6	6.9
1986	23.6	10.6	9.0	7.9
1987	20.8	11.8	10.5	9.1
1988	18.7	13.1	10.8	9.8
1989	17.0	14.7	11.4	10.2
1990	15.9	15.9	11.4	10.4

资料来源：2003年日本银行《主要经济和金融数据》。

表7.5		中国国内银行的放款结构		单位：%
年份	制造业	私人部门	房地产业	金融业
2010	18.05	23.32	7.02	0.36
2011	18.83	24.20	6.43	0.28
2012	19.01	24.88	6.08	0.39
2013	18.27	26.45	6.10	0.43

资料来源：Wind 数据库、2010—2013 年《中国统计年鉴》。

第一，两国银行对金融部门的放款比例存在明显的趋势差异。日本银行部门自20世纪80年代后期开始，其信贷流向明显呈现出由实体制造业向房地产和金融行业转移的趋势。而中国银行部门对金融与房地产行业的信贷比例则始终维持在稳定状态。具体而言，日本银行部门向制造业提供的信贷占比，从1985年泡沫膨胀初期的25.6%下降至1990年泡沫鼎盛期的15.9%，下降幅度接近40%；而同期内，房地产与金融行业获得的银行信贷供给却均增加了一半左右。反观中国的情况，在国际金融危机之后，中国银行部门对实体制造业的信贷供给占比基本一直维持在稳定水平；私人部门贷款占银行业信贷供给比例表现出缓慢上升的态势；金融行业的信贷占比虽波动性较高，但并没有出现明显的上升趋势；房地产行业的信贷占比甚至非增反降。

第二，两国银行业贷款流向的差异既是两国市场投资偏好的体现，也是两国政府调控管理的结果。历史经验表明，日本政府在泡沫经济时期，大力推行金融市场的自由化改革，降低了政府对资本市场的监管程度，引发居民与企业对高收益风险资产的逐利行为，大量信贷资金流向房地产与股票市场，在刺激资产价格泡沫的同时，也进一步激发了市场追涨的投机预期。另一方面，金融自由化改革还致使日本企业出现"去银行化"行为，实体制造业企业不再依靠向银行融资进行生产经营，这直接造成银行流向实体制造企业的信贷大幅减少。同时，由于对实体企业贷款收益减少，日本银行部门为保障自身的经营收益，也开始将目光投向房地产等高收益高风险投资领域，以赚取高额利润。在不同的金融监管体制下，中国银行部门呈现出了与日本完全不同的信贷行为。由于在后危机时代，中国政府仍一直坚持审慎的金融监管态度，中国金融自由化程度十分有限，其一是中国当局对影子银行的规范监管，使得中国非金融企业并不存在日本泡沫经济时期的财务投机行为。其二是当局对房地产行业的"限购""限贷"政策，也直接影响了银行部门的信贷流向。根据表 7.5 中国银行部门的放款结构，中国房地产价格出现的上涨行情，主要是由私人部门的投资行为导致的，并不存在房地产企业的投机行为。因此，相比于日本，中国减少了一个重要的泡沫推动者，其金融系统的波动程度势必明显弱于日本，这也降低了中国爆发金融危机的可能。

7.4 本章小结

本章通过对全球 40 个主要经济体面板数据的实证回归，总结了金融周期与金融波动对一国金融稳定的一般性影响规律。并在此基础上，结合中日两国特定时期内相似的宏观环境与政策导向背景，基于对中日两国金融周期与金融波动的异同比较，深入剖析了金融周期对金融系统稳定的作用机理。

首先，本章从时间维度上阐述了金融周期与金融波动二者的区别与联系。在此基础上，通过对全球 40 个主要经济体 1985—2014 年面板数据的二元离散 Probit 实证分析，全面分析了金融周期与金融波动对一国宏观金融稳定的影响作用。Probit 模型的回归结果显示，不同运行阶段内的金融周期与金融波动对一国金融稳定的影响作用是存在差异的。具体而言，其一，当金融周期处于正常运行阶段时，一国爆发金融危机的可能性较低，金融周期对一国金融系统的稳定性存在积极作用；当金融周期运行至波峰或波谷附近时，经济体爆发金融危机的概率显著增加，过度繁荣或深度衰退的金融周期对一国金融系统的稳定性都具有明显的负面效应。其二，无论金融周期处于何种运行阶段，金融波动程度的上升，均会增加经济体爆发金融危机的概率，不利于金融市场的稳定发展。

其次，本章在金融周期对金融稳定普遍性影响规律的基础上，进一步通过中日两国金融周期与金融波动的比较分析，深入剖析了金融周期对金融稳定的作用机制。两国的对比结果显示，中日两国金融系统的稳定性存在本质差异。结合中日两国的资金流量表与银行放款结构表的分析表明，金融周期对金融系统稳定的作用渠道主要为货币政策导向、融资可得性与市场预期。其中，融资可得性的区别是决定中日两国金融稳定性差异的关键因素，两国政府对市场预期的不同管控政策，也是造成两国金融系统出现稳定性差异的原因之一。总体而言，对比中日两国金融周期的历史经验，可以发现，在经济由高速向中低速转型的结构调整期内，为保障经济的平稳过渡，均会存在宽松的货币政策环境与上涨的资产价格。相比日本政府对金融波动放任自流的态度，中国政府对金融周期保持了较为清醒的认识。我国政策当局对金融自由化的审慎调控意识，有效抑制了金融系统出现巨幅波动的风险，避免了中国经济重蹈日本金融危机的覆辙。

第四部分

金融周期与宏观经济政策

第八章

金融周期框架下的宏观经济政策分析

8.1 金融系统的内在脆弱性与金融稳定的相对状态

8.1.1 金融系统的内在脆弱性

根据本书第六章关于金融周期与金融波动对一国宏观金融稳定的分析，金融波动在金融周期的任何阶段内，都会对一国金融系统的稳定性产生负面影响。因此，金融系统自身是不稳定的，即所谓的"金融不稳定论"（Minsky，1982）。尤其是在金融周期的过度繁荣阶段，不仅金融波动的上升会增加金融系统自身的内在脆弱性，金融周期的"高涨"（Boom）本身也可能成为引发金融危机的根源。而"高涨时期"中间人的行为特征，恰恰也是 Minsky（1982）所阐述的金融"内生"不稳定的核心。

Ferguson（2002）归纳总结了金融系统不稳定的三大具体特征，分别为信贷规模的剧烈波动、金融资产价格泡沫与经济总支出与总收入的失衡。对于金融系统内在脆弱性的产生原因，本书在梳理现有经济学研究的基础上，将其归纳为"金融加速器""金融自由化"与"金融周期"三个方面。

其一是金融加速器（Financial Accelerator）理论。事实上，金融加速器理论的思想源头可以追溯至 Fisher（1933）的"债务—通缩"（Debt–Deflation）理论。在"债务—通缩—大萧条"机制中，信用链条中的高杠杆是造成商业危机的根源。例如，在经济的高涨繁荣阶段，企业部门倾向于通过信用融资扩张其投资规模，高信用杠杆所引发的资产价格泡沫会将金融风险掩埋于繁荣表象之后。而一旦泡沫刺破，经济整体将陷入"价格下跌—企业破产—产出下降"的恶性循环之中。Bernanke 和 Gertler（1989）则在欧文·费雪的思想上，以信息不对称等金融摩擦，代替了传统研究中的完全市场假设，正式提出了"金融加速器"理论，即信贷市场会将初始资产价格的微小变化，放大为对经济体具有持续效应的波动冲击。显然，在金融加速器理论中，金融摩擦被认为是冲击传导机制中的核心要素。其后，Bernanke 等（1999）以企业融资需求为出发点利用 BGG 模型论述了金融加速器的作用机理。本书在此对 BGG 模型作一简单介绍。

企业在其生产经营过程中存在融资需求，根据融资资金的来源，可将其分为来自企业内部的资金与来自企业外部的资金，分别称为内部融资与外部融资。其中，企业最主要的外部融资渠道为商业银行等金融中介机构的信贷供给。根据 Bernanke 等（1999），假定企业 E 在第 t 期末所需的生产资金为 K_{t+1}，且在第 $t+1$ 期企业使用 K_{t+1} 的单位成本为 q_t，因此，企业在第 $t+1$ 期的总资金成本为 $q_t K_{t+1}$。其中 K_{t+1} 中的一部分来自企业 E 的内部融资，即企业 E 可以从自身的资产净值中获取 N_{t+1}，另一部分来自企业 E 从银行 B 获取的外部融资 L_{t+1}，且 $L_{t+1} = q_t K_{t+1} - N_{t+1}$。而银行 B 对企业提供的这部分信用供给 L_{t+1}，是来自其资产负债表中负债端的存款 D_{t+1}。因此，银行需要支付 D_{t+1} 存款的利率，设为 r_{t+1}^D。另外，设 s 为均衡条件下企业 E 的外部融资溢价，即企业 E 的外部融资成本 MC_{t+1}^L 与内部融资成本 MC_{t+1}^N 之比[①]。那么，在均衡条件下，企业 E 的资本收益预期 $E(r_{t+1}^K)$ 应当等于其外部融资成本 MC_{t+1}^L，即

$$E(r_{t+1}^K) = s(N_t / q_t K_{t+1}) r_{t+1} \qquad (8.1)$$

公式（8.1）反映了金融加速器中，企业净值变化 N_{t+1} 对企业融资成本 $q_t K_{t+1}$ 的

---

① 其中企业 E 的外部融资溢价 s 与企业 E 的净值成反比。企业 E 的净值越大，外部融资溢价 s 越小。

影响作用机理。显然，对于存在外部融资需求的企业 E 而言，自身的净值 N_{t+1} 是影响外部融资溢价 s 的关键因素，即当企业 E 的资产负债表遭到负向冲击时，企业 E 成本增加、收入减少，导致企业 E 的净资产收益 N_{t+1} 降低。根据等式（8.1），这会使企业 E 的融资条件恶化，进而造成能获取的外部融资 L_{t+1} 降低。如果企业 E 是严重依赖于外部融资 L_{t+1} 的，那么初始的负向冲击将会在等式（8.1）的作用下被数倍放大，造成企业 E 投资规模严重紧缩，从而对宏观经济的总产出产生负面影响。

其二是金融自由化（Financial Liberalization）理论。金融自由化与金融深化（Financial Deepening）这两个概念，是由 Mckinnon（1973）与 Shaw（1973）一同提出的。他们认为，经济发展较为落后的发展中国家往往存在政府部门的"金融抑制"（Financial Repression）行为，而为了谋求发展，则需要避免金融抑制的种种弊端，实施金融深化改革，从而需要一国的政府部门采取一系列金融自由化改革举措。然而根据本书第六章 6.3 节对中日两国金融周期与金融稳定的比较发现，金融自由化虽然能够在一定程度上缓解短期实体经济的衰退，但从中长期视角来看，金融自由化对一国宏观金融稳定发展却是极为不利的。根据表 8.1，随着 20 世纪 80 年代全球金融自由化浪潮的兴起，系统性金融危机的爆发频率明显增强。Kaminsky 和 Reinhart（1995）的实证研究同样表明，货币危机和银行危机的发生频率与金融自由化程度存在密切的正相关关系。一方面，金融自由化放松了经济社会中的金融约束，从而放大了初始冲击对宏观经济的影响作用，造成金融系统顺周期特征明显增强，即"内生金融不稳定"（Minsky,1982）。另一方面，金融自由化极大地推动了金融衍生工具与金融衍生产品的发展，进一步加速了金融市场与实体经济的脱钩（Decoupling），增加了金融体系内部的不稳定因素，放大了金融系统的内在脆弱性。

表 8.1　　　　　1970—1995 年小型开放经济体金融危机类型和数量　　　单位：次

危机类型	1970—1979 年危机统计		1980—1995 年危机统计	
	总计	每年平均	总计	每年平均
国际收支危机	26	2.6	50	3.13
双重危机	1	0.1	18	1.13
单一危机	25	2.5	32	2
银行危机	3	0.3	23	1.44

资料来源：张礼卿，李建军. 金融自由化与金融稳定［M］. 北京：人民出版社，2005：95.

其三是金融周期（Financial Cycle）理论。事实上，金融周期理论是对金融加速器理论与金融自由化理论二者的结合与演进。在金融周期理论中，商业银行的风险偏好与信用创造是理解金融系统不稳定的关键所在。不同于传统经济周期理论对商业银行普通金融中介的角色设定，在金融周期中，商业银行的作用并不仅仅是"金融加速器"理论中的一个传导工具（Bernanke and Gertler，1989），更重要的功能是通过贷款创造存款产生名义购买力。因此，银行部门的风险偏好，以及对未来盈利能力的预期都会对存款规模的变化造成冲击，在金融市场形成周期性波动，增加金融系统的内在脆弱性。作为"金融不稳定论"的奠基人，Minsky（1992）指出，因投资所需而产生的融资借贷行为，是造成宏观经济不稳定的首要原因。当经济处于景气阶段时，依靠风险赚取收益变得相对容易，各部门的风险偏好明显增强。依据Minsky（1982）的融资分类方式，居民和企业将从相对安全的对冲性融资转向风险较高的投机性融资和庞氏融资。后者蓬勃发展的前提是宽松的信贷环境和不断上涨的资产价格。若经济突然遭遇冲击，高风险融资链条断裂，"螺旋式"加速下降的资产价格则会触发金融危机，造成经济的大幅动荡，即所谓的"明斯基时刻"（Minsky Moment）。此时，金融系统的不稳定性内生于宏观经济活动，并且与风险偏好等经济个体的天然属性密切相关。不同于真实经济周期理论信奉的均衡常态，金融不稳定论强调的则是"稳定"状态的暂时性。2008年国际金融危机之后，明斯基"金融内在不稳定"的核心思想重回大众视野，越来越多经济学家在其理论基础之上，开展了大量细致具体的研究工作。Borio（2014）基于对上述研究成果的归纳总结，正式提出了金融周期的概念，将其定义为经由风险偏好传递的资产价格与信贷约束之间自我加强的相互作用。这种相互作用会放大宏观经济的波动幅度。繁荣期内，信贷供应充沛，风险偏好程度上升，刺激资产价格上涨；一旦价格泡沫破灭，急剧下降的风险偏好同样会反馈于信贷活动，造成信贷供给的恶化紧缩。因此，从金融周期的中长期视角出发，正视金融系统的内在脆弱性，对于构建符合金融深化背景的宏观经济分析框架具有重要意义。

8.1.2 金融稳定状态的具体内涵

金融稳定，顾名思义，就是指某一国家或某一地区金融系统稳定运行的状态。而这种稳定的金融状态，往往是由宏观与微观、内部与外部等多种经济因素共同作用的均衡结果。对于一国内部的金融稳定，通常可以从宏观、中观与微观三个层面进行评估分析。

首先，对于宏观经济层面，金融稳定主要表现为货币市场与资本市场处于均衡有效的状态。具体而言，其一，当市场处于金融稳定状态时，数量型宏观金融变量，如货币供应量（M_1 与 M_2）、社会融资规模、金融机构的存款贷款等，都能够处于平稳增长的状态，同时这些数量型宏观金融资源能够在经济中被合理配置、高效使用。其二，市场利率与资产价格等价格型金融变量处于较为平稳的波动区间，不会出现频繁剧烈的变化，价格杠杆能够对宏观经济起到有效的配置与调节作用。其三，在金融稳定状态下，货币政策与财政政策可以有效配合，货币当局的各项货币政策操作工具能够被有效利用，同时货币政策能够有效传导至金融市场与实体经济，各项政策工具的有效组合以及政策工具与期限结构有效结合，能够保障经济系统内的流动性合理充裕、市场利率灵活稳定。与此同时，完整健全的宏观审慎政策框架有助于一国实现金融系统长期稳定，提升金融市场的运行效率。

其次，对于中微观经济层面，金融稳定体现为银行业、证券与基金业、保险业等各个金融行业的稳健运行。对于银行业，金融稳定主要体现为银行业资产负债表规模有质量地均衡扩张，银行业存贷款增速的均衡稳定，银行体系内部的结构完善。对于证券与基金业，金融稳定主要体现为投资者结构的平稳均衡，金融衍生品的风险可控以及完善健全的资本市场交易规则与监管制度。对于保险业，金融稳定主要体现为服务实体与服务社会民生，金融保障功能可持续发展以及规范有效的市场秩序。此外，金融稳定还体现为各种金融基础建设的建立健全。具体体现为完善的支付清算体系，多样化的中央对手业务种类以及平稳运行的证券结算系统。

对于一国外部的金融稳定，则主要体现为有效的汇率市场机制、平稳的跨境资本流动以及本国货币的国际支付与国际储备能力。对应于中国的外部金融稳定，三者具体表现为人民币汇率的市场化改革、渐进有效的资本账户开放进程以及不断提升的人民币国际化程度。而近年来，我国政府正在积极尝试上述举措，尤其是在国际金融危机之后，人民币国际化进程明显提速，我国政府正在通过完善人民币跨境基础建设，加强中国金融对外部冲击的抵御能力，从而实现我国金融内外的均衡稳定。

8.2 宏观审慎政策的监管框架

8.2.1 宏观审慎监管政策对金融稳定的必要性

"宏观审慎监管"概念，虽然是在 2008 年国际金融危机之后才逐渐为各国中央银行所重视，但其实它并非是由此次危机才诞生的全新事物。事实上，早在 1986 年，国际清算银行（Bank for International Settlements, BIS）就已经在其公开的正式文件中提出对系统性风险的"宏观审慎监管"概念。然而，由于 20 世纪 80 年代，全球的金融自由化浪潮才刚刚兴起，金融危机的混业表现尚不明显，因此各国货币当局并未对宏观审慎监管政策给予足够的重视。但是，随着全球金融自由化改革的不断演进，金融系统的内在不稳定性已经出现了新的表现形式，对银行业单一化的微观审慎监管框架已经无法满足金融发展日益深化的现代金融体系。

首先，就时间维度（Time Dimension）而言，危机发生之前，过度宽松的信贷约束条件，非但没有引起监管部门的关注和警惕，反而为资产价格泡沫提供了迅速膨胀的滋长环境。其次，就截面维度（Cross-Sectional Dimension）而言，危机前经济系统内部严重的信贷资源错配，导致危机在爆发之后迅速从金融机构蔓延至非金融实体行业，加剧了危机对宏观经济整体的破坏程度。具体而言，目前金融系统的不稳定特征主要存在以下三种演变趋势：第一，混业经营增加了金融市场中微观主体的同质性，金融创新提升了市场参与者的风险偏好，二者加剧了金融市场的同步震荡幅度。第二，金融市场的微观参与主体存在明显的"羊群效应"，非理性预期与繁荣时期的过度风险偏好，增加了金融体系内在的"顺周期效应"，会显著增强金融周期的波动幅度。第三，金融市场的广度增加，金融机构的杠杆加剧，系统性风险的暴露概率明显增大。

当前全球金融市场的上述特征，充分暴露了金融系统的内在脆弱性（Minsky,1992）。正如本书在第七章 7.2 节关于金融周期与金融波动对金融稳定的一般性规律分析所述，金融波动是内生于金融周期各个运行阶段的，金融系统顺周期性本身就是触发金融不稳定的内在根源。如若一国的货币当局无法从单一的微观监管框架中跳脱出来，仍然仅依靠货币政策调控金融市场的运行情况，那么，以金融周期的中长期视角来看，这将难以保障宏观经济整体的健康可持续发展。显然，宏观审慎监管迫在眉睫，势在必行。

基于对国际金融危机的深刻反思，国际清算银行（BIS）于2009年正式提出了宏观审慎监管概念，将其定义为"视金融系统为有机整体，以抑制失衡、防范与应对系统性风险、实现金融体系平稳运行"为目标的监管政策。图8.1显示的是纳入宏观审慎监管框架之后，一国的金融稳定总体框架。从金融稳定的整体框架图可见，金融体系的稳定运行与宏观经济政策的制定有着密不可分的联系。尽管货币政策能够在一定能程度上维持价格稳定、控制通胀水平、保障经济增长，但国际金融危机的经验却表明，单一的货币政策并不能有效调控信贷增速以及防范抵押信贷泡沫所引发的系统性风险。而宏观审慎政策却恰好能够从另一渠道完善宏观经济的调控机制，从而与货币政策形成良好的互补配合（Caruana，2011），从根源上弥补货币政策在应对金融失衡方面的缺失与不足（周小川，2011）。

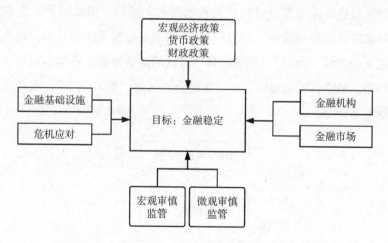

图8.1　纳入宏观审慎监管内容的金融稳定总体框架

8.2.2　宏观审慎政策的目标与工具

追溯宏观审慎政策的发展历程可以发现，尽管20年世纪70年代末Cooke

Committee 已经在其会议纪要中使用了"宏观审慎"一词，但在美国次贷危机爆发之前的近 30 年间，宏观审慎监管理念却并没有得到广泛的关注与运用，各国监管部门主要采取的是基于微观审慎的监管框架，认为只要确保单个金融机构安全稳健运行，就能够防止系统性风险的发生（Brunnermeier et al.，2009）。而国际金融危机的爆发，从本质上打破了学术界对于传统监管框架的理论认知。就风险层面而言，金融体系的总体风险，并不仅仅等于单个金融机构风险的简单加总，机构个体通常存在着负面溢出效应，造成风险外部性传染，加大了系统性风险的总体水平。就实际操作效果而言，自下而上的微观审慎监管制度，尽管能够在一定程度上控制金融机构个体的风险水平，但并不能保证整个金融系统的稳定运行（周小川，2011）。

首先，本书论述宏观审慎监管政策的目标。一方面，国际清算银行（BIS）与国际货币基金组织（IMF）将宏观审慎监管政策的"最终目标"确定为维护金融稳定。另一方面，根据 Borio 和 Drehmann（2009），宏观审慎监管的"直接政策目标"为防范与应对系统性风险，避免造成宏观经济的严重损失。而具体目标又包括两方面具体含义：一是纠正金融失衡的逐步积累；二是增加金融系统稳定性。最终目标与直接目标的关系如图 8.2 所示。由此可见，宏观审慎政策监管的最终目标是"治本"，是从根源上防范和把控系统性风险；而直接目标则是对症下药式的"治标"，即通过具体有效的监管措施，降低金融系统内突出的局部风险。最终目标与直接目标二者结合，从而"标本兼治"，实现金融系统的长期稳定运行。

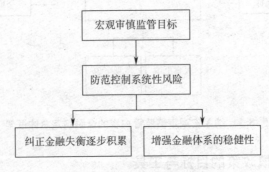

图 8.2　宏观审慎监管的目标

其次，本书对宏观审慎工具的分类加以描述。相比于宏观审慎政策的理论发展，宏观审慎工具的操作应用则累积了更加丰富的实践经验。因此，目前学术界对宏观审慎工具分类标准具有多样性特征。在定性分类方面：其一，国际货币基金组织从时间维度（Time Dimension）与截面维度（Cross-Sectional Dimension）对宏观审慎政策工具进行了具体分类，并进一步将其划分为"专门类工具"与"校准类工具"（Recalibrated Instruments），如表 8.2 所示。其二，Lim 等（2011）经过对 49 个国家宏观审慎工具运用经验的总结归纳，将宏观审慎工具总体划分信贷（如贷款价值比率 LTV 上限）、流动性（如外汇净敞口）与资本（如资本充足率）三大类。

表 8.2 宏观审慎工具分类

工具	风险维度	
	时间维度	横截面维度
第一类：专门针对降低系统性风险的工具	（1）逆周期资本缓冲 （2）跨周期的保证金估值或回购协议折扣 （3）对非核心负债征税 （4）部门敞口风险权重的逆周期变化 （5）时变的系统流动性收费	（1）系统资本金收费（Systemic Capital Surcharges） （2）系统流动性收费 （3）对非核心负债的征税 （4）对没有通过 CCP 清算的交易加重资本收费
第二类：重新校准的工具（Recalibrated Instruments）	（1）时变的贷款—价值比、债务—收入比、贷款—收入比上限 （2）时变的对货币错配或敞口的限制 （3）时变的贷款—存款比率限制 （4）时变的信贷或信贷增长的上限和限制动态准备金制度 （5）压力 VaR（额外的资本缓冲以对付资产价格膨胀时期的市场风险） （6）重新分配风险权重（Rescaling Risk-weights）（通过将衰退情形纳入违约概率中）	（1）出于系统性风险考虑而强行关闭金融机构的权利 （2）对衍生品支付的资本收费 （3）对系统性风险敏感的存款保险保费 （4）对可准许活动的限制（如禁止系统重要性银行的自主交易）

资料来源：IMF（2011）。

在定量分类方面，G20（2011）则依据宏观审慎工具的作用目标将其区分为维护金融稳定、抑制系统性风险放大机制与降低系统脆弱性三类，具体如表8.3所示。其中维护金融稳定类工具主要是为防范信贷与资产价格泡沫；抑制系统性风险放大机制类工具主要是对银行杠杆相关的指标进行监管；降低系统脆弱性工具则会要求系统重要性金融机构具备更加严格的损失吸收能力。

表8.3　　　　　　针对不同金融体系脆弱性的宏观审慎政策工具分类

项目		金融体系构成				
		银行/存款类金融机构		非银行金融机构	证券市场	金融基础设施
		资产负债表	贷款协议			
脆弱性	杠杆率	（1）资本比率 （2）风险权重 （3）拨备 （4）利润分配限制 （5）信贷增长上限	（1）贷款/抵押品价值上限 （2）偿债/收入上限 （3）期限上限		保证金/扣减限额	
	流动性或市场风险	（1）流动性/准备金要求 （2）外汇贷款限制 （3）货币错配限额 （4）外汇敞口头寸限制	适当的估值规则（如货币市场共同基金）	本外币准备金要求	中央银行资产负债表操作	通过交易所交易
	相互关联度	（1）集中度限制 （2）对系统重要性机构提高资本要求				中央对手方

资料来源：CGFS、BCBS。

此外，国际货币基金组织（IMF）还对宏观审慎工具的实施运用，提出了思想基本原则：其一，宏观审慎政策工具需要有效地抑制金融市场中的系统性风险，同时还需要为金融冲击或金融压力预留出足够的缓冲余地；其二，宏观审慎政策工具的实施，不能在金融市场中产生多余的套利空间；其三，宏观审慎政策工具的最终目标应当为作用于系统性风险根源，而非缓解表层的风险因素；其四，宏观审慎工具的运用，不应当对金融市场或宏观经济产生过多的扭曲影响。

关于宏观审慎工具有效性的度量方法，目前学术界也可分为定性分析与定量测算两类：在定性研究方面，Lim 等（2011）通过动态面板研究发现，贷款价值比率（Loan-to-Value，LTV）上限与资本充足率等宏观审慎工具的运用能显著降低抵押信贷出现泡沫风险；Claessens 等（2013）的实证研究表明，运用贷款价值比率上限与债务收入比率上限的宏观审慎政策工具，有助于缓解金融与信贷的顺周期效应。在定量研究方面，则主要是通过在动态随机一般均衡（DSGE）模型中引入金融摩擦与政策冲击实现对宏观审慎工具有效性的分析（Bailliu et al.，2012；Matteo and Alessandro，2014）。

8.2.3　宏观审慎政策的监管框架与制度安排

为抑制金融失衡、实现金融稳定，建立如图 8.3 所示的"自上而下"的宏观审慎监管框架，已经成为后危机时代各国金融监管机构的普遍共识。其中，为避免出现信贷与流动性的"繁荣—萧条"周期，还应当进一步关注宏观审慎政策的核心监管对象，即以商业银行为代表的金融中介机构。在"自上而下"的监管框架下，宏观审慎监管政策的制度安排则主要涉两个层面的内容：一是与货币政策的关系；二是货币当局在宏观审慎监管框架中的作用。

第一，明确中央银行在宏观审慎政策中的重要地位。一般认为，一国宏观金融的长期稳定运行，至少需要货币当局、财政当局与监管机构三方的共同维护。一方面，中央银行作为一国的货币当局，承担着最后贷款人的职能，这使其能够具有实施宏观审慎政策与维护金融稳定的天然优势（李妍，2011）。另一方面，国际金融危机的教训表明，如果中央银行将对金融稳定的主导权力交放于监管部门，很可能造成宏观审慎监管环节的缺失。表 8.4 是全球主要经济体的宏观审慎政策监管框架的制度安排。根据表 8.4 的分类，美国次贷危机的经验说明，独立委员会等多头监管方式反而会导致对金融稳定的监管真空，从而忽视金融危机的潜在风险。因此，在强调多方监管、三方配合的前提下，也同样需明确中央银行对维护金融稳定的主要责任及其对行使宏观审慎政策的主导权力，这对于真正实现宏观审慎政策维护金融稳定的职能是至关重要的。

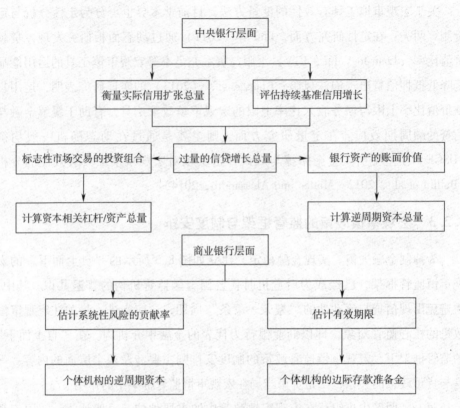

图 8.3　自上而下的宏观审慎监管框架

表 8.4　宏观审慎政策框架的制度模式

模式 特征	中央银行与 金融监管职能的 一体化程度	宏观审慎 职责的归属	财政部门的 作用	决策与工具 实施相分离	是否存在协调 不同政策的 单独机构	典型国家
模式 （一）	完全一体化 （中央银行）	中央银行	无	否	否	捷克、爱尔兰、 新加坡
模式 （二）	部分一体化	与中央银行相关的 委员会	被动	在某些领域	否	马来西亚、罗马尼亚、 泰国、英国
模式 （三）	部分一体化	独立委员会	主动	是	否	巴西、法国、美国
模式 （四）	部分一体化	中央银行	无	在某些领域	否	比利时、荷兰、 塞尔维亚

续表

模式特征	中央银行与金融监管职能的一体化程度	宏观审慎职责的归属	财政部门的作用	决策与工具实施相分离	是否存在协调不同政策的单独机构	典型国家
模式（五）	无一体化	多个机构	被动	否	是	澳大利亚
模式（六）	无一体化	多个机构	被动	否	是	加拿大、韩国、墨西哥
模式（七）	无一体化	多个机构	无	否	否	爱尔兰、秘鲁、瑞士

资料来源：作者整理。

　　第二，分析宏观审慎政策与货币政策的关系。由于宏观审慎政策实施的目的主要是维护金融稳定运行，然而现实经济活动中，为保证金融稳定而实行宏观经济政策可能并不仅只有宏观审慎政策一项，因此在探讨宏观审慎政策的制度安排时，无法回避的一点是，宏观审慎政策的运用很可能会影响甚至改变其他经济政策的作用目标。国际货币基金组织曾明确指出，合理的宏观审慎政策的制度安排，应首先确保与金融稳定相关的多种政策的有效协调。然而，目前学术界对宏观审慎政策与货币政策的配合效果仍存在较大争议。一方认为，货币政策目标与宏观审慎政策目标中都包含了金融稳定，因此二者并不存在本质冲突，监管当局应当将二者视为互补关系，货币政策工具的有效运用，将有助于减少宏观审慎政策工具的使用频率。但另一方却认为，货币政策的总量调节特征将加剧金融系统的顺周期效应，而宏观审慎政策正是出于缓解金融系统的亲周期行为，所以二者本质上是矛盾的，应当为替代关系。此外，还存在一种综合上述两类观点的意见，即在宏观审慎监管的制度安排上，将宏观审慎政策工具与货币政策工具组合为一套维护金融稳定的工具，在不改变货币政策总量调节的基础上，赋予宏观审慎政策与货币政策各自相对独立的运用空间，也就是二者既是互补关系，也是替代关系。

8.3 中国宏观审慎政策的有效性分析

8.3.1 中国宏观审慎监管工具的实际运用情况

尽管在理论框架层面，中国政府直至 2010 年才明确提出构建"宏观审慎"监管政策的制度方针，但在实际操作层面，早在国际金融危机爆发之前，我国政府就已经采用了诸如贷款价值比率（Loan-toValue，LTV）这类实质上具备宏观审慎含义的监管工具[①]，以抑制我国抵押信贷的泡沫化增长趋势，调控我国宏观经济的稳定运行。根据统计，自 2003 年以来，中国的房屋抵押贷款上限（LTV）经历了十余次的调整，尤其是近年来，为对应中国房价的泡沫化现象，中国政府对"二套房"抵押贷款 LTV 上限进行了数次"逆周期"调整。以北京市为例，为应对一线城市房价暴涨的现象，北京市商业银行的"二套房"LTV上限已经从 2003 年的 80%一路降至 2017 年初的 20%。显然，在理论框架构建之前，中国政府就已经在事实层面实际运用 LTV 宏观审慎工具，以防范商业银行杠杆高企所导致的信贷市场风险暴露。

待到 2008 年国际金融危机发生之后，有效运用宏观审慎政策工具，实现全面宏观金融稳定，这已然成为国内外金融监管机构的一致共识。虽然目前各国政策当局仍没有形成一套完整的宏观审慎监管制度，但随着国际清算银行（BIS）对银行业资本监管协议的不断完善，各国货币当局与金融监管机构对资本类宏观审慎工具的使用标准较为统一，即主要依据巴塞尔协议对商业银行的资本充足率（Capital Adequacy Ratio，CAR）实施严格监管。表 8.5 显示了巴塞尔协议 I 到巴塞尔协议 III 对资本充足率监管要求的具体变化。由此可见，国际金融危机之后，随着一级资本与资本缓冲（Capital Buffer）等监管内容的纳入，巴塞尔协议 III 对商业银行的监管标准呈现出明显的"逆周期"宏观审慎特征。2009 年中国也正式加入了巴塞尔银行监管委员会；2013 年 1 月 1 日起，我国政

[①] 根据 Lim 等（2011）关于宏观审慎工具的梳理综述，贷款价值比率（LTV）被其归纳为信贷类宏观审慎工具。

府也开始对全国范围内的商业银行实施《商业银行资本管理办法（试行）》，这意味着我国政府对资本类宏观审慎工具的实践应用更进了一步。

表 8.5　　　　　　　　　　巴塞尔协议规定的资本充足率监管内容

协议	资本构成	风险构成	比率要求
巴塞尔协议Ⅰ	商业银行的监管资本包括核心资本和附属资本。核心资本其实也就是一级资本，而附属资本是除了核心资本以外的其他资本，主要包括次级长期债券、资产重估准备和混合资本工具等	根据风险的大小，资产可以分为四类。第一类，无风险资产，这种资产的风险权数为0；第二类，低风险资产，这种风险资产的权数为20%；第三类，半风险资产，这种资产的风险权数为50%；第四类，全风险资产，这种资产的风险权数为100%。在银行资产体系中，低风险的资产除了政府债券，还包括银行发行的债券，因为这些机构所发布的债券一般具有较高的稳定性，所以风险较小。半风险资产主要包括抵押贷款。全风险资产主要是一些企业或者个人贷款。还规定了商业银行对非经合组织（OECD）资产的风险权数都是100%	附属资本/总资本 < 50%；监管资本/风险资产 > 8%
巴塞尔协议Ⅱ	与巴塞尔协议Ⅰ基本相同	巴塞尔协议Ⅱ对风险资产的划分也做了很好的补充，在风险资产四个类别的基础上，重新添加了150%的风险资产，这类资产的主要特点是强调了一些逾期的贷款，主要表示这类贷款的高风险性，这样，风险资产就有五个类别：0、20%、50%、100%、150%。在巴塞尔协议Ⅱ中，对一些资产的风险性也重新做了划分，对于企业债券，一些信用等级较高的企业其风险资产的权数为20%，一些信用等级较低的企业其风险资产权数为150%	资本充足率 = 资本/风险加权资产 = 资本/［信用风险加权资产 + （市场风险的资本要求 + 操作风险的资本要求）× 12.5］ > 8%

协议	资本构成	风险构成	比率要求
巴塞尔协议Ⅲ	严格资本扣除限制。对于少数股权、商誉、递延税资产、对金融机构普通股的非并表投资、债务工具和其他投资性资产的未实现收益、拨备额与预期亏损之差、固定收益养老基金资产和负债等计入资本的要求有所改变	扩大风险资产覆盖范围。提高"再资产证券化风险暴露"的资本要求、增加压力状态下的风险价值、提高交易业务的资本要求、提高场外衍生品交易和证券融资业务的交易对手信用风险的资本要求等	一级资本充足率＞6%；核心一级资本充足率＞4.5%；逆周期缓冲资本/核心一级资本∈（0，2.5%）

与此同时，当前我国的宏观经济正处于经济增速换挡期的结构性调整阶段。在经济"三期叠加"[①]的经济新常态下，为稳定我国的产出增速，避免出现20世纪90年代日本泡沫时期的经济"硬着陆"现象，我国政府在2014—2015年多次动用利率工具放松国内信贷融资约束，货币政策的宽松力度，可称后危机时代之最。然而，我国同期的广义货币（M_2）规模却并未出现大幅扩张现象，信贷增幅也控制在正常区间。那么，这种"保增长、稳金融"的政策效果是否与我国政府所实施的宏观审慎监管政策相关？与此同时，2015—2016年我国大中城市的房地产价格出现了一轮急速上涨行情，暴涨的资产价格是否会引发我国抵押信贷泡沫？中国的宏观审慎政策又能否平抑此次价格上涨所引发的金融波动？这些都是本章接下来要回答的问题。

8.3.2　中国宏观审慎监管有效性分析的 DSGE 模型

本节在 Iacoviello（2010）研究框架的基础上，结合 Matteo 和 Alessandro（2014）对宏观审慎监管的建模方法，构建了一个纳入"信贷类"宏观审慎工具与"资本类"宏观审慎工具的动态随机一般均衡模型。其中，本书根据中国宏观审慎工具的实际运用频率，选取贷款价值比率上限（LTV）作为中国信贷类宏观审慎工具的代表变量，选取资本充足率（CAR）作为中国资本类宏观审慎

---

① "三期叠加"是指增长速度换挡期、结构调整阵痛期、前期刺激政策消化期。

工具的代表变量。同时，本书引入了拟合我国宏观经济"新常态"背景的资产价格冲击与货币政策冲击，利用冲击的脉冲响应结果，具体分析中国宏观审慎监管政策的有效性。

（一）家庭部门

首先，考虑家庭部门的效用函数。设 β_H 为代表性家庭个体的跨期折现因子，由于家庭个体的经济目标为追求其完整生命周期内的效用最大化，因此，家庭部门的动态最优化问题为

$$\max \sum_{t=0}^{\infty} \beta_H^t U_t \tag{8.2}$$

下面构建家庭部门的效用函数 U_t。设定家庭部门在第 t 期的效用 U_t 是由正效用 U_t^p 和负效用 U_t^n 两部分构成的。其中第 t 期的消费 C_t、第 t 期所持有的财富 W_t 以及第 t 期所拥有的不动产 H_t/P_t 会增加家庭部门的正效用 U_t^p；而劳动 N_t 将会增加家庭部门的负效用 U_t^n。因此，家庭部门的效用函数 U_t 可表示为

$$U_t\left(C_t, W_t, \frac{H_t}{P_t}, N_t\right) = U_t^c(C_t) + \varphi \log W_t + \chi \log \frac{H_t}{P_t} - \frac{\tau}{1+1/\xi} N_t^{1+1/\xi} \tag{8.3}$$

在上式中，右侧第一项 $U_t^c(C_t)$ 为消费的增量效用函数，其具体表达式为

$$U_t^c = \frac{\left(C_t - \eta C_{t-1}\right)^{1-1/\sigma}}{(1-1/\sigma)} \tag{8.4}$$

其中，σ 为家庭个体的跨期替代弹性，η 为家庭部门的消费习惯因子，一般而言 η 越大，表明家庭部门的消费惯性越大。关于消费 C_t，本书延续 Dixit 和 Stiglitz（1977）的设定，认为消费 C_t 是关于不同消费品 i 的固定替代弹性的 CES 型函数：

$$C_t = \left[\int_0^1 C_t\left(i\right)^{\frac{\theta_t-1}{\theta_t}} \mathrm{d}i\right]^{\frac{\theta_t}{\theta_t-1}} \tag{8.5}$$

在式（8.3）中，φ 为财富 W_t 相对于消费增量（$C_t - \eta C_{t-1}$）的效用因子；χ 与 τ 分别为不动产相 H_t/P_t 和劳动 N_t 对于消费增量的效用因子；ξ 为家庭部门的劳动供给弗里希（Frisch）弹性[①]。此外，依据 Ag'enor 等（2012），设第 t 期经

---

① 即假定相同的边际效用，工作时间相对于工资率的弹性可以理解为工资变化 1% 时，劳动供给的替代弹性。

济体内的总价格指数为 P_t，则财富 W_t 是关于第 t 期内家庭部门的实际存款余额（D_t/P_t）与实际货币余额（M_t/P_t）的柯布—道格拉斯（Cobb-Douglas，C – D）型函数。设 C – D 型函数系数 γ 为实际货币余额（M_t/P_t）对家庭个体流动性的重要程度因子，且 $0 < \gamma < 1$，则财富效应 W_t 的函数为

$$W_t = \left(M_t/P_t\right)^{\gamma} \left(D_t/P_t\right)^{1-\gamma} \tag{8.6}$$

其次，考虑家庭部门的预算约束。本书假定家庭部门为追求当期效用 U_t，存在与银行的信用借贷行为。假定在第 $t-1$ 期与第 t 期内，银行向家庭部门提供的信用供给分别为 L_{t-1} 与 L_t，那么，家庭部门的预算约束式为

$$C_t + (P_{H,t}H_t/P_t) + (L_{t-1}R_{L,t-1}/P_t) + (M_t/P_t) + (D_t/P_t) + T_{H,t} + I_t(1 + AC_{I,t}) =$$
$$w_tN_t + (P_{H,t-1}H_{t-1}/P_t) + (L_t/P_t) + (M_{t-1}/P_t) + (D_{t-1}R_{D,t-1}/P_t) + q_tK_t$$

$$\tag{8.7}$$

其中，$R_{L,t-1}$ 与 $R_{D,t-1}$ 分别对应的是在第 $t-1$ 期内银行的贷款利率与存款利率。家庭部门与银行部门的跨期信用往来关系为：银行部门在第 t 期初以第 $t-1$ 期的存款利率 $R_{D,t-1}$ 向家庭部门支付其第 $t-1$ 期存款 D_{t-1} 的本息和；而家庭部门在第 $t-1$ 期末按第 $t-1$ 期的贷款利率 $R_{L,t-1}$ 向银行偿付其第 $t-1$ 期贷款 L_{t-1} 的本利和。式（8.7）中 $P_{H,t-1}$ 与 $P_{H,t}$ 分别为代表性家庭个体在第 $t-1$ 期与第 t 期所持有的不动产 H_{t-1} 与 H_t 的价格水平；$T_{C,t}$ 为第 t 期家庭部门向政府缴纳的税款；w_t 为第 t 期家庭部门的工资率。此外，在约束等式（8.7）中，我们还针对房地产价格水平 $P_{H,t}$，引入服从 AR（1）过程的冲击 $\varepsilon_{P,t}^{H}$，即 $\varepsilon_{P,t}^{H} = \rho_1\varepsilon_{P,t-1}^{H} + \mu_{P,t}^{H}$。其中 $\mu_{P,t}^{H}$ 属于均值为 0 的独立同分布序列。

约束等式（8.7）中的 I_t 为家庭部门在第 t 期内的投资，家庭个体的投资 I_t 能够为其积累资本 K_t，且二者的动态关系满足：

$$K_t = I_{t-1} + (1 - \delta_K)K_{t-1} \tag{8.8}$$

同时，家庭部门在第 t 期所累积的资本 K_t，能够以租金率 q_t 向企业出租，从而使家庭部门获取资本收入。另外，依据 Kim（2000），如果在第 t 期，家庭部门想要改变其投资 I_t，那么家庭部门需要付出一个关于投资 I_t 与资本 K_t 的二次项调整成本 $AC_{I,t}$，设 ϕ_K 为资本规模调整成本系数，则 $AC_{I,t}$ 为

$$AC_{I,t} = \frac{\phi_K}{2} \left(\frac{I_t}{K_t}\right)^2 \tag{8.9}$$

最后，本书分析家庭部门的借贷约束。根据前文的模型设定，由于家庭部门在第 t 期需要向银行进行信用借贷 L_t，那么家庭部门就需要提供不动产 H_t 作为抵押。且根据我国货币当局的监管要求，房地产抵押贷款存在贷款价值比率 LTV_t 的上限。根据 Iacoviello（2005）与 Iacoviello 和 Neri（2010），贷款价值比率上限 LTV_t 能够在一定程度上体现银行部门信用供给的风险偏好。LTV_t 数值越大，表明银行部门放贷意愿越强，商业银行风险偏好的程度越高。因此，家庭部门在第 t 期的借贷约束为

$$\frac{L_t R_{L,t}}{P_t} \leqslant LTV_t \cdot E_t \left(\frac{P_{H,t+1} H_t}{P_{t+1}}\right) \tag{8.10}$$

此外，为进一步体现商业银行风险偏好不受宏观审慎政策监管时的动态特征，本书设贷款价值比率上限 LTV_t 满足动态特征：

$$\frac{LTV_t}{LTV} = \exp \left(\frac{LTV_{t-1}}{LTV}\right)^{\alpha_{LTV}} \left(\frac{P_{H,t} H_t}{P_H H}\right)^{\alpha_H} \left(\frac{w_t N_t}{wN}\right)^{\alpha_N} \left(\frac{Y_t}{Y}\right)^{\alpha_Y} \tag{8.11}$$

其中，α_{LTV} 为第 t 期 LTV_t 关于第 $t-1$ 期 LTV_{t-1} 的时变自回归因子，且满足 $0 < \alpha_{LTV} < 1$。式（8.11）的含义为，银行对家庭部门的借贷约束受到抵押品价值 $P_{H,t} H_t$、家庭部门收入 $w_t N_t$ 与经济总产出 Y_t 的影响。若金融系统处于过度繁荣期内，抵押品价格 $P_{H,t}$ 上涨将带动抵押品价值 $P_{H,t} H_t$ 上升，从而提升家庭部门的收入水平 $w_t N_t$，增加经济总产出 Y_t。此时，商业银行的风险偏好程度将显著升高，从而提高其对家庭部门的贷款价值比率上限 LTV_t。具体而言，家庭部门在第 t 期所持有不动产价值 $P_{H,t} H_t$ 相对于其稳态价值 $P_H H$ 的偏离，意味着家庭部门抵押品价值的变动；家庭部门工资收入 $w_t N_t$ 相对于稳态 wN 的偏离度量了其收入的波动风险；经济总产出 Y_t 相对于稳态 Y 的偏离则代表了整个经济体的系统性风险特征。考虑到当不动产价值、工资收入以及经济总产出（总收入）相对于稳态增加时，银行的风险偏好增加，居民的信用借贷能力得以扩张，因此，本书设定 α_H、α_N、α_Y 均大于 0。显然，本书在家庭部门中引入 LTV 上限的动态特征，能够有效拟合当商业银行不受信贷类宏观审慎工具监管约束时的状态。

（二）企业部门

首先，本书沿袭动态随机一般均衡模型对企业部门的经典设定，认为企业部门的生产要素为来自家庭部门的劳动力 N_t 与从家庭部门租用的资本 K_t，企业部门利用生产要素生产的最终产品为 Y_t，企业部门的生产函数服从柯布—道格拉斯（Cobb-Douglas）形式，即

$$Y_t = A_t K_t^\mu N_t^{1-\mu} - FC \tag{8.12}$$

其中，μ 为资本要素占企业生产要素的份额，$1-\mu$ 为劳动要素占企业生产要素的份额。FC 为企业部门的固定生产成本，FC 的存在能够确保本书 DSGE 模型在稳态时企业利润存在解析解。而 A_t 为技术变量，服从 AR（1）过程：

$$\log(A_t/A) = \phi_A \log(A_{t-1}/A) \tag{8.13}$$

除此之外，本书根据 Iacoviello（2005），设定企业处于垄断竞争市场之中。因此，对于不同企业 i 而言，其生产的最终商品 $Y_t(i)$ 是异质性的。假定每种产品 $Y_t(i)$ 的价格为 $P_t(i)$，依据 Dixit 和 Stiglitz（1977），Y_t 与 $Y_t(i)$ 以及 P_t 与 $P_t(i)$ 分别服从 CES 形式的函数：

$$Y_t = \left[\int Y_t(i)^{\frac{\varepsilon-1}{\varepsilon}} di \right]^{\frac{\varepsilon}{\varepsilon-1}}, \text{其中} i \in [0,1] \text{且} \varepsilon > 1 \tag{8.14}$$

$$P_t = \left[\int P_t(i)^{1-\varepsilon} di \right]^{\frac{1}{1-\varepsilon}}, \text{其中} i \in [0,1] \text{且} \varepsilon > 1 \tag{8.15}$$

根据式（8.14）与式（8.15），可得

$$\frac{Y_t(i)}{Y_t} = \left[\frac{P_t(i)}{P_t} \right]^{-\varepsilon} \Rightarrow P_t(i) = \left[\frac{Y_t(i)}{Y_t} \right]^{-1/\varepsilon} P_t \tag{8.16}$$

在式（8.16）中，每种产品 $Y_t(i)$ 都与经济的总产出水平 Y_t 建立了联系，并且 $Y_t(i)$ 与其产品价格 $P_t(i)$ 呈负相关关系。根据 Rotemberg（1982），企业的最优化过程会受到二次项价格 $P_t(i)$ 调整成本 $AC_{P,t}$ 的约束限制：

$$AC_{P,t} = \frac{\phi_P}{2} \left(\frac{P_t(i)}{P_{t-1}(i)} - \pi \right)^2 Y_t \tag{8.17}$$

其次，本书构建企业部门的利润函数。依据 Kim（2000），本书设定代表性生产企业 i 在第 t 期的名义利润函数 $P_t \prod_t(i)$ 满足：

$$P_t \prod_t(i) = P_t(i) Y_t(i) - P_t w_t N_t(i) - P_t q_t K_t(i) - P_t AC_{P,t} - P_t T_{E,t} \tag{8.18}$$

其中，$T_{E,t}$ 为企业部门在第 t 期向政府缴纳的税款。设 β_E 为企业部门的跨期折现因子，企业的经营目标为追求利润最大化，那么，无限期内企业部门的动态最优化问题为

$$\max \prod (i) = E_0 \sum_{t=0}^{\infty} \beta_E^t \frac{\prod_t (i)}{P_t} \tag{8.19}$$

（三）银行部门

银行部门是本章 DSGE 模型的关键。在理论层面上，国际金融危机之前，基于真实经济周期理论（Real Business Cycle，RBC）的动态随机一般均衡模型并没有对商业银行在宏观金融稳定中的作用引起足够的重视。基于 RBC 理论的 DSGE 模型，只是将商业银行视为普通金融中介，银行的作用也只是在传递经济资源，银行自身的风险偏好及其对未来的预期并不会对一国宏观金融稳定产生任何影响。然后危机的爆发却大大改变了经济学家对金融稳定的认知。2008 年国际金融危机之后，Borio 和 Zhu（2008）利用商业银行对货币政策的风险承担渠道，强调了银行风险偏好对金融稳定的重要作用。在现实层面上，近年来我国频频爆出商业银行坏账违约事件，商业银行所面临的债务违约风险已经对当前我国金融系统的稳定性提出了严峻的挑战，"去杠杆""减债务""降负担"更是成为我国政府现阶段工作的主要任务。因此，在 RBC – DSGE 模型中纳入金融摩擦因素，已经成为宏观经济领域基于新凯恩斯动态均衡分析框架的主要范式。

由于在本章中，本书构建动态随机一般均衡模型的目的是考察中国宏观审慎工具的有效性，因此，在对银行部门的建模过程中，一方面，本书需要关心在资产负债表约束下银行的最优化经营行为；另一方面，本书更加注重探究商业银行在宏观审慎政策框架下对一国宏观金融稳定影响作用。因此，本书在资产负债表约束条件下，还引入了对商业银行资本充足率的监管约束，从而实现对我国资本类宏观审慎工具有效性的分析研究。

首先，本书分析我国商业银行的约束条件。对应前文对家庭部门借贷约束的设定，本书在此设定在第 t 期，商业银行以存款利率 $R_{D,t}$ 吸收家庭部门的存款 D_t，以贷款利率 $R_{L,t}$ 提供信用供给 L_t。因此，在第 t 期内，商业银行的资产端为

L_t，负债端为 D_t 与净资本[①] Z_t。至此，本书可以写成商业银行的资产负债表约束等式：

$$L_t = D_t + Z_t \tag{8.20}$$

根据 Adrian 和 Shin（2010），商业银行资产负债表中的资本充足率的变化，会显著改变商业银行自身的风险偏好，从而影响经济体的总体信用投放量。与此同时，根据本书 8.3.1 节所述，我国商业银行的资本充足率会受到《商业银行资本管理办法（试行）》的监管，设 e_B 为协议要求的最低资本充足率，则我国商业银行的资本监管约束条件为

$$Z_t \geqslant e_B L_t \tag{8.21}$$

其次，本书描述商业银行的动态跨期最优化问题。在经典经济学理论中，商业银行的本质为企业，因此，银行的经营目标与企业部门类似，也为追求其无限期内的利润最大化。设 β_B 为银行部门的跨期折现因子，则我国商业银行的动态最优化问题可以写为

$$\max E_0 \sum_{t=0}^{\infty} \beta_B^t \left[\left(\frac{R_{L,t-1}L_{t-1}}{P_t} - \frac{L_t}{P_t} \right) + \left(\frac{D_{D,t}}{P_t} - \frac{R_{D,t-1}D_{D,t-1}}{P_t} \right) + \left(\frac{Z_t}{P_t} - \frac{Z_{t-1}}{P_t} \right) - AC_{B,t} \right]$$

$$\tag{8.22}$$

其中，$AC_{B,t}$ 为我国商业银行的监管成本。根据 Iacoviello（2015），$AC_{B,t}$ 与商业银行偏离最低资本充足率监管要求的程度有关。具体而言，当商业银行的实际资本充足率 Z_t/L_t 低于监管最低要求 e_B 时，商业银行将因此受到惩罚；反之，当商业银行实际资本充足率 Z_t/L_t 过高时，又会影响其赚取存贷款的利差收益，从而增加其经营的机会成本。因此，$AC_{B,t}$ 可以刻画为关于净资本 Z_t 的二次项调整成本：

$$AC_{B,t} = \frac{\phi_B}{2} \left(\frac{L_t^C + L_t}{Z_t} - \frac{1}{e_B} \right)^2 \frac{Z_t}{P_t} \tag{8.23}$$

（四）货币当局

本书模型中的货币当局主要作用为制定货币政策，调控宏观经济的运行。而其制定货币政策所遵循的准则为泰勒规则（Taylor，1993）：

---

① 即为所有者权益。

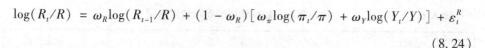

$$\log(R_t/R) = \omega_R \log(R_{t-1}/R) + (1 - \omega_R)[\omega_\pi \log(\pi_t/\pi) + \omega_Y \log(Y_t/Y)] + \varepsilon_t^R$$

$$(8.24)$$

其中，ω_R、ω_π 与 ω_Y 分别对应的是泰勒规则中的政策利率 R_t、通货膨胀 π_t 与总产出 Y_t 的系数因子。R、π 与 Y 分别表示稳态条件下的政策利率、通货膨胀与总产出。ε_t^R 的含义为均值为 0 的独立同分布利率型货币政策冲击。

（五）均衡出清

一方面，在均衡条件下，经济体的商品市场是出清的，根据支出等于收入，总产出 Y_t 满足：

$$Y_t = C_t + I_t(1 + AC_{I,t}) + AC_{P,t} + AC_{B,t} + G_t \tag{8.25}$$

另一方面，在均衡条件下，本国政府的收入与支出也是出清的：

$$T_{C,t} + T_{E,t} = G_t \tag{8.26}$$

（六）参数校准

本书在进行参数校准时，参考现有经典文献的研究结论，确定了微观经济体带有主观属性的参数数值（包括家庭部门的跨期折现因子 β_H 与劳动供给弹性 ξ 等）。对于泰勒规则系数等宏观属性的参数数值，本书则是通过对中国在 1996 年第一季度至 2016 年第二季度样本区间的实际经济数据校准确定。其中，对于模型中本国政策利率变量 R_t，本书采用的是银行间 7 天同业拆借加权平均利率[①]；对于本国总产出 Y_t，本书采用的是中国国内生产总值（GDP）；对于通货膨胀率 π_t，本书采用的是中国消费者价格指数（CPI）的环比数据。同时，为保证本书参数校准的准确性，本书对参数校准所用的经济数据进行了 $X - 12$ 季节调整，剔除了季节性扰动影响；对校准所用的数量型经济数据进行了 HP 滤波分解，排除了趋势性因素对校准过程的影响。本书参数估计的数据来源为 Wind 数据库。具体的参数校准结果如表 8.6 所示。

---

① 尽管通常意义上，我国政策利率应当为 1 年期定期存贷款利率，但由于我国政策利率的时变性较低，为保证参数估计的有效性，本书以变动频率较高、数据可得时段较长且数值大小接近政策利率的银行间 7 天同业拆借加权平均利率代替我国真实的政策利率。

表8.6　　　　　　　　　　动态随机一般均衡模型参数校准结果

部门	参数	含义	校准数值
家庭部门	β_H	跨期折现因子	0.980
	ξ	劳动供给弹性	1.035
	φ	财富偏好程度	0.300
	χ	住房偏好程度	0.400
	τ	劳动偏好程度	0.250
	η	消费习惯因子	0.177
	σ	跨期替代弹性	0.505
	γ	所持实际货币余额相对存款的流动性弹性	0.200
	θ	不同产品之间的替代弹性	4.000
	δ_K	资本存量折旧率	0.025
	ϕ_K	资本规模调整成本	2.000
	LTV	贷款价值比率稳态值	0.667
	α_{LTV}	内生贷款价值比率自相关系数	0.800
	α_H	内生贷款价值比率相对于房地产价值弹性	0.020
	α_N	内生贷款价值比率相对于劳动收入弹性	0.020
	α_Y	内生贷款价值比率相对于经济总产出弹性	2.000
企业部门	ϕ_A	企业部门技术自相关系数	0.900
	β_E	企业部门跨期折现因子	0.940
	ϕ_P	企业部门价格调整成本	2.000
	μ	资本在生产函数中所占份额	0.450
银行部门	β_B	银行部门跨期折现因子	0.945
	ϕ_B	银行部门净资本规模调整成本	0.100
政府部门	ω_R	泰勒规则利率调整系数	0.751
	ω_π	泰勒规则通胀调整系数	0.457
	ω_Y	泰勒规则总产出调整系数	0.633

8.3.3　DSGE 模型的数值模拟结果分析

　　首先，本书根据宏观审慎政策工具在我国的实际运用频率及其对金融稳定的重要性，选择了贷款价值比率（LTV）上限与银行资本充足率（CAR）下限，分别作为我国信贷类与资本类宏观审慎工具的代表。其一，国际金融危机之后

"宏观审慎监管"概念被正式纳入巴塞尔协议Ⅲ，宏观审慎监管政策已经成为当前全球主要经济体调控宏观金融稳定运行的重要手段。对于中国而言，虽然我国的宏观审慎监管框架仍在构建当中，宏观审慎监管制度也有待继续完善，但我国宏观审慎工具的操作运用却已积累了较为丰富的实践经验。事实上，根据本书 8.3.1 节的论述，早在国际金融危机爆发之前，我国政策就已经在较为频繁地使用以贷款价值比率上限（LTV）为代表的信贷类宏观审慎工具。其二，在国际金融危机爆发之后，《巴塞尔协议Ⅲ》将防范信贷顺周期效应所引发的系统性风险列入其监管核心，并由此提出宏微观审慎相结合的监管思路：在提高单个银行资本充足率（CAR）的同时，进一步将资本留存缓冲（Capital Conservation Buffer）纳入对系统重要性商业银行的监管要求之中。这意味着《巴塞尔协议Ⅲ》从事实上提高了对商业银行总资本充足率下限的要求。因此，本书选取了贷款价值比率（LTV）上限与资本充足率（CAR）下限，作为我国政策当局对商业银行使用的宏观审慎政策工具的代表，模拟分析了我国宏观审慎政策是否具有平抑价格大幅波动、稳定金融体系运行的作用效果。

其次，为贴合我国宏观经济运行的现状，本书选取了正向房地产价格冲击和正向货币政策冲击，作为考察我国宏观审慎政策工具运用效果的模拟冲击。对于冲击的选取，本书主要是出于对以下两方面现实因素的考量：第一，在 2015—2016 年，我国一线城市房地产价格出现了一波暴涨行情，而房地产作为我国最重要的信贷抵押品，其价格变化将直接影响我国抵押品价值的变化。根据前文模型设定，抵押品价值又与信贷规模等宏观经济变量存在紧密联系，因此本书可以通过比较同一经济变量在不同宏观审慎政策环境下对正向的房地产价格冲击作出的不同反应，判断我国宏观审慎政策工具的运用效果。第二，从 2014 年第四季度起，中国人民银行在之后的五个季度中，连续数次下调存贷款基准利率与商业银行的存款准备金率。如此频繁地操作利率工具刺激经济复苏，这对我国宏观金融稳定而言，显然是一种现实层面的正向货币政策冲击。而根据《巴塞尔协议Ⅲ》的设定，运用宏观审慎政策工具的目的，正是对货币政策形成有效补充，从而避免单一货币政策所引发的金融顺周期效应。所以，本书以正向货币政策冲击模拟我国货币当局在 2014—2016 年数次的利率工具操作，通过比较我国宏观经济变量在宏观审慎政策监管与非宏观审慎政策监管时的波动情况，分析考察宏观审慎政策工具对我国金融稳定的作用效果。

（一）信贷类宏观审慎政策的有效性分析

本书在这一部分将以商业银行价值比率（LTV）上限作为信贷类宏观审慎工具的代表，通过8.3.2节DSGE模型的脉冲响应结果，深入剖析我国信贷类宏观审慎政策的有效性。

基于前文的基准模型设定与参数校准结果，本书在这一部分分别模拟了实施LTV上限监管与不实施LTV上限监管两类政策环境。通过比较经济变量在两种情形下对同一冲击作出的不同波动反应，对比分析我国监管当局运用贷款价值比率上限这一宏观审慎政策工具的实际作用效果。其一，对不实施LTV上限监管进行情境模拟，根据8.3.2节的DSGE模型，本书认为如果商业银行符合公式（8.10）与公式（8.11）的设定，则其属于不实施LTV上限监管的情形。具体而言，公式（8.11）表明，商业银行可以依据上一期LTV的大小、抵押品价值变化及其对宏观经济趋势预期等因素，自由调整自身的抵押贷款价值比率的上限，而不受政府当局的监管，即模型中的LTV具有动态时变特征。其二，对实施LTV上限监管进行情景模拟，本书主要通过取消基准模型中关于LTV时变性特征的设定实现。具体而言，就是将家庭部门的贷款约束公式（8.10）中内生时变的LTV_t转变为外生固定的LTV，这意味着商业银行将无法决定其发放贷款的LTV上限，这一上限将统一由我国监管当局决策确定。[①]

首先，分析LTV上限应对房地产价格正向冲击的作用效果。图8.4显示了向房地产价格$P_{H,t}$引入一个正向冲击$\varepsilon_{P,t}^{H}$后，存在LTV上限监管与不存在LTV上限监管的结果比较。本书选取贷款价值比率（LTV）、私人部门贷款与银行杠杆倍数三者，用于度量LTV上限这一宏观审慎工具的运用效果。同时，本书根据经济总产出的变化情况，分析LTV上限审慎工具对实体经济的影响作用。若当局不采取LTV上限监管，任由银行自行设定其发放贷款的LTV上限，那么如

---

① 尽管我国监管当局在进行LTV上限监管的实际操作中，并不是完全执行固定LTV上限的政策，在长期也会进行一定程度的调整，但依据我国调整贷款价值比率的实际经验，更改LTV上限操作的时间间隔较长，更改频率也并不频繁。特别是更改一套LTV上限的操作，其变动幅度也极其有限，数值一直维持在70%~80%。而我们进行DSGE冲击模拟时，关注的波动仍主要属于短期变化的情况，因此在这里，我们认为以固定商业银行LTV上限特征代表实行LTV上限监管的政策是合理且符合实际情况的。

图8.4所示，当房地产价格遭遇正向冲击出现明显上升时，银行将大幅提升其贷款价值比率。这是因为，LTV上限除了可以作为政府当局的宏观审慎工具，它本身更是反映了银行的风险偏好程度（风险认知程度）。房地产作为我国最重要的抵押品资产，其价格上涨增加了抵押品价值，银行风险偏好增强，根据内生时变的LTV公式（8.11），银行将增加其贷款价值比率。而对于私人部门贷款，一方面，房地产价格上涨将直接提高私人部门的贷款需求，从而增加私人部门的贷款规模；另一方面，贷款价值比率的上升同样促进了银行的信贷供给意愿，推动了银行信贷供给的提升，扩张了私人部门的贷款规模。根据银行部门的资产负债表等式，银行放贷规模的增加，增加了银行的总资产，提升了银行的杠杆倍数。当增加的信贷流入实体经济，最终会增加经济总产出水平。

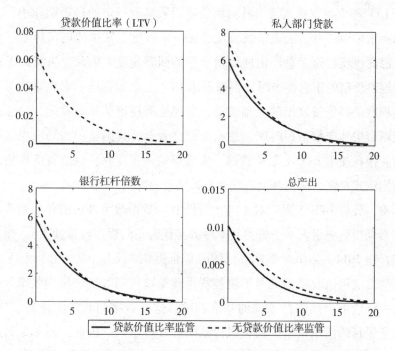

图8.4 贷款价值比率上限监管在房地产价格正向冲击时的作用效果

不同于不存在LTV上限监管的情形，若我国政府当局采用LTV上限这一宏观审慎工具，当房地产价格出现明显攀升时，贷款价值比率仍然被严格控制，保持在稳态水平，不会出现波动变化。而由于银行的风险偏好被审慎调控，信贷供给端将不会出现泡沫式过激增长的情况，私人部门信贷主要的增长模式源于需求端，且其增长速度也会受到一定程度的逆周期宏观审慎调控，因此图 8.4 的结果显示，存在 LTV 上限监管时的私人部门信贷规模的扩张幅度将明显小于无 LTV 上限监管时的情况。同理，相比于不运用 LTV 上限审慎工具，政府运用 LTV 上限审慎工具时，银行总资产增加的幅度明显缩小，故在存在 LTV 上限监管的情况下，银行的杠杆倍数增加幅度也有所下降。

两种情况下总产出的变化同样值得我们关注。其一，从图 8.4 中可以看到，无论政府是否使用 LTV 上限审慎工具，房地产价格上涨对我国经济总产出的刺激作用在初始阶段是完全相同的，这说明宏观审慎政策的存在并不会对我国实体经济的增长产生阻碍性影响。其二，图 8.4 的结果显示，若当局采用 LTV 上限工具，实体经济向均衡水平的恢复程度将好于不存在监管时的情况。这主要是由于 LTV 等宏观审慎政策工具对信贷等因素具有一定的逆周期作用，当总产出向均衡水平回归时，宏观审慎政策会在一定程度上减少流向实体经济的信贷规模，因此也就加速了总产出向均衡水平的回归速度。因此，当我国宏观经济遭遇房地产价格的正向冲击时，当局采用 LTV 上限监管这一宏观审慎工具能够在一定程度平抑信贷规模的大幅波动，实现逆周期审慎政策效果。结合我国当前一线城市房地产价格短时间内急速上涨之背景，我国货币当局应当继续坚持针对商业银行使用 LTV 上限监管这一宏观审慎调控工具，以防资产价格暴涨引发信贷泡沫式扩张，从而避免系统性金融风险的发生。

其次，分析 LTV 上限应对正向（宽松型）货币政策冲击的作用效果。本书通过在泰勒规则中引入一个负向利率冲击（代表正向货币政策冲击），模拟中国人民银行在 2014—2016 年数次降低国内基准利率的行为，从而分析 LTV 上限这一信贷类宏观审慎政策工具对于缓解货币政策顺周期效应的作用效果。一般而言，若一国货币当局降低该国的基准利率，这将直接刺激经济体的信贷需求，扩张商业银行的信用供给，助长银行系统的杠杆倍数。因此，图 8.5 的脉冲响应结果显示，在经济体遭遇低利率政策冲击时，如果不运用 LTV 上限这一宏观审慎工具，商业银行的风险偏好会受政策面因素驱动而显著增强。具体体现为，商业银行的时变 LTV 相比冲击前呈现出明显的上升趋势。因此，商业银行的信用供给意愿得以持续增强，进而引发商业银行对私人部门的信贷扩张。信贷扩张对于商业银行自身而言，最直接的结果是增加其资产端的总资产规模，进而推高了商业银行的杠杆倍数。所以，根据图8.5中各变量在不使用LTV上限监管时的变化情况，本书可得出基本结论，即单一的货币政策会增加我国金融系统的顺周期效应，下调政策利率将显著增加我国的信用供给规模，推高我国银行系统的杠杆倍数，增加我国金融系统的信用风险。

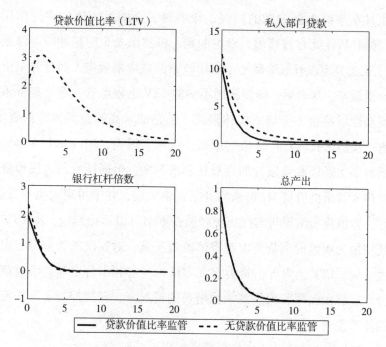

图8.5　贷款价值比率上限监管在货币政策正向冲击时的作用效果

此外，美国次贷危机的教训表明，过于宽松的信用融资环境不仅体现在宏观经济中的信贷规模与资产价格层面，商业银行自身的微观风险偏好，也会进一步增加金融系统的"内在脆弱性"。具体而言，根据公式（8.11），在不受LTV上限监管时，资产价格会增加银行的风险偏好，进而提升其时变的LTV上限，从而继续反馈于信贷与资产价格，形成典型的"金融周期"交互作用。因此，我国政府进行LTV上限监管是十分必要的。图8.5的冲击模拟结果同样也提供了直观的证明。图8.5的脉冲响应结果显示，当我国政府运用LTV上限工具对银行体系实施宏观审慎监管时，宏观审慎政策能够有效平抑货币政策的顺周期效应。具体而言，相比于不存在LTV上限监管工具时，由于LTV上限的存在，我国商业银行风险偏好被限制在安全区间内；从而经济社会中的信用规模增长平缓，降低了我国银行体系的杠杆倍数的涨幅，在一定程度上降低了我国金融市场系统性风险的暴露概率。另外，利率价格冲击对我国总产出 Y_t 的影响结果同样是本书的关注焦点。这是因为，宏观审慎政策的实施目的是避免高涨期资产价格波动引发泡沫危机，抑制金融失衡，促进金融稳定。然而，如果宏观审慎工具在平抑金融波动的同时，却削弱了金融对实体的支持作用，那么LTV上限的有效性就有待商榷。幸运的是，根据图 8.5 的脉冲响应结果，我国的 LTV 上限工具不仅有效地熨平了货币政策的顺周期效应，而且并未引发实体经济的衰退现象。这表明，即使我国不实施 LTV 上限监管，宽松型货币政策所释放的流动性供给也不会进入实体经济，而是涌入高收益高风险的资本市场，反而会进一步刺激我国资产价格的膨胀。在现实层面，2014—2016 年，虽然中国人民银行多次降低商业银行的存贷款基准利率，但同期我国人民币贷款余额增速以及广义货币供应量 M_2 增速均处于正常区间，并未出现大幅增长的迹象。因此，综合数值模拟结果与实际历史经验，本书可以得出结论，即 LTV 上限作为我国使用最为频繁的信贷类宏观审慎政策工具，对我国宏观金融稳定具有积极的正面效应。LTV 上限等信贷类宏观审慎工具与利率价格等货币政策工具的有效配合，能够在保障我国经济平稳增长的情况下，有效抑制金融失衡，避免我国金融体系遭遇大规模信贷危机。

（二）资本类宏观审慎政策的有效性分析

本书在这一部分将以资本充足率（CAR）下限作为我国资本类宏观审慎工具的代表，通过 8.3.2 节 DSGE 模型的脉冲响应结果，全面解读我国资本类宏观审慎政策的有效性。2007—2009 年国际金融危机的爆发，促使国际清算银行重新修订对商业银行的资本监管办法，《巴塞尔协议Ⅲ》应运而生。中国也于 2009年正式加入巴塞尔银行监管委员会，并利用 2013 年 1 月 1 日起开始执行的《商业银行资本管理办法（试行）》作为对我国商业银行资本监管的过渡，从而与国际监管体系全面接轨。《商业银行资本管理办法（试行）》对我国商业银行的总资本充足率（CAR）设定了下限要求，要求其达到《巴塞尔协议Ⅲ》中 10.5%的最低监管标准。所以，一方面，本书以 DSGE 模型中的资本约束等式（8.21），模拟我国政策当局实施 CAR 下限宏观审慎监管的情景，同时基于

《商业银行资本管理办法（试行）》，将等式（8.21）中的 e_B 数值设定为 10.5%。另一方面，本书以取消银行部门资本约束等式（8.21）对不实施 CAR 下限宏观审慎监管的情景进行模拟分析。通过对两种情况下 DSGE 模型脉冲响应结果的比较，本书可以分析中国政府资本类宏观审慎监管政策对我国金融稳定的影响作用。

首先，分析 CAR 下限应对房地产价格正向冲击的作用效果。与分析 LTV 上限等信贷类宏观审慎工具有效性的方法类似，本书在研究 CAR 下限等资本类宏观审慎工具的作用效果时，同样通过向房地产价格 $P_{H,t}$ 引入一个正向冲击，模拟了现阶段我国大中城市房地产价格暴涨这一热点现象。图 8.6 是我国主要宏观经济变量分别在实施 CAR 下限监管与不实施 CAR 下限监管时应对房地产价格正向冲击的脉冲响应结果。图 8.6 的比较结果显示，总体而言，我国银行业监管机构对资本充足率 CAR 下限这一审慎工具的运用，可以在一定程度上平抑我国经济运行过程中房价短期暴涨所引发的信贷激增问题，并能够大幅缓解银行的高杠杆风险压力。具体而言，在实施 CAR 下限监管情形下，虽然房地产价格的急速飙升会在一定程度上提升商业银行的风险偏好，但由于实行 CAR 下限监管要求，商业银行为达到资本充足率的监管标准，仍会将贷款价值比率控制在正常范围内。这是因为，根据 DSGE 模型公式（8.23），一旦商业银行的资本充足率低于最低监管要求，那么银行将会承担处罚成本。因此，即使抵押资产价值上升会在一定程度上增加商业银行的风险偏好，但受资本监管要求，商业银行也不会出现过度放贷的现象。反之，当监管机构不采取 CAR 下限监管时，商业银行将不存在对公式（8.23）处罚的担忧，那么银行的风险偏好程度必然会较存在 CAR 下限监管时有所上升。此外，由于资本充足率下限监管实质上等同于是对银行杠杆倍数的监管，因此从图 8.6 中可以看到，相比 LTV 上限监管，CAR 下限监管对银行杠杆倍数的审慎作用更为明显。事实上，这可以理解为直接监管与间接监管的效果差异。另外，根据图 8.6，在遭遇房地产价格正向冲击时，资本充足率对总产出也呈现出较为明显的逆周期宏观审慎作用。这可以结合我国宏观经济产业结构进行具体分析。具体而言，投资在拉动我国经济增长的"三驾马车"中的占比最高，而房地产投资又一直是我国投资增长的主要依赖方式，因此，房地产投资是我国经济增长的重要支柱。根据前文的分析，资本充足率这一宏观审慎工具的使用，能够减缓信贷增长规模，防止发生房地产泡沫，这就等于在一定程度上抑制了房地产的过度发展，从而也通过房地产这一实体经济行业影响了总产出的增加幅度。还需特别指出的是，尽管从总产出增长的绝对水平上看，运用资本充足率工具时，我国实体总产出的增加会小于不运用时的情况，但这并不意味着宏观审慎政策对中国经济总产出就具有负面效应，原因有二：其一，根据图8.6的脉冲响应结果，运用资本充足率审慎监管工具时，房地产价格的上涨也能在一定程度上刺激我国经济的发展；其二，依据前文分析，本书有理由认为，无资本充足率监管相比存在资本充足率监管所增加的总产出水平，很可能主要来源于房市泡沫，而这部分泡沫从本质而言，是不利于我国经济健康长远发展的，次贷危机前美国房地产泡沫带来的经济虚假繁荣就是很好的佐证。

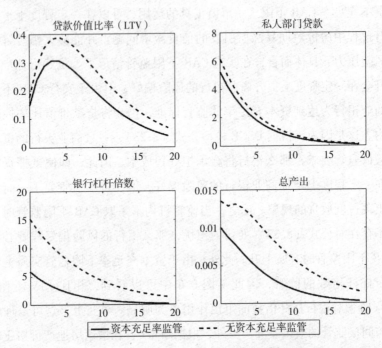

图8.6　资本充足率下限监管在房地产价格正向冲击时的作用效果

其次，分析CAR下限应对正向（宽松型）货币政策冲击的作用效果。基于2014—2016年我国多次实行的"降息降准"货币政策背景，本书仍然有必要模拟分析CAR下限监管对缓解货币政策顺周期效应的效果。与前文引入货币政策冲击方式一致，本书继续利用比较分析的方法，判断发生正向货币政策冲击时资本充足率工具的宏观审慎效果。图8.7的脉冲响应结果显示，在经济体遇到高强度宽松货币政策冲击时，CAR下限等资本类宏观审慎工具的使用，能够减轻商业银行的信贷扩张幅度，降低银行系统的杠杆激增压力，有助于缓解货币政策所引发的金融顺周期波动幅度，减轻金融系统的内在脆弱性，促进我国宏观金融体系的平稳运行。

　　具体而言，相比于房地产价格冲击，CAR下限在应对货币政策冲击时，对信贷扩张的逆周期审慎作用更为明显。这种差异可以通过两类冲击的直接作用对象分析解释。房地产价格冲击的直接作用对象是投资品（抵押品）价格，在此基础上，通过进一步影响私人部门与银行系统的风险偏好而间接影响信贷供求规模。但从货币政策的传导机制分析，基准利率是能够直接作用于信用借贷成本的，因此它是能够直接刺激信贷需求的。所以，相比于房地产冲击，信贷自身对货币政策的敏感度更高。此外，CAR下限又可以通过商业银行直接传导至信贷供给端。因此，资本类宏观审慎工具在应对货币政策时会表现出更为灵敏的逆周期监管作用。而应对货币政策冲击时CAR下限对总产出的审慎作用也表现出不同于应对房地产价格冲击的效果。这仍然可以通过两类冲击的传导机制阐释其差异。根据前文分析，房地产行业与实体经济增长的关系十分紧密，房地产价格冲击可以理解为是直接作用于实体经济的[①]；而根据货币经济学理论，货币政策对实际经济的作用是间接性的，它是通过利率等价格型传导渠道而间接影响实体经济活动的。因此，在总产出方面，图8.7的脉冲响应结果显示，CAR下限在缓解货币政策的顺周期效应时，并不会阻碍实体经济的发展。结合图8.6，CAR下限在应对房地产价格暴涨冲击时，也只是会避免金融系统的过度泡沫化，而并不会阻碍总产出增长趋势。因此，本书可以得出结论，我国资本类宏观审慎工具能够在保障经济增长的前提下，抑制金融体系失衡、促进金融系统的平稳运行。

---

　　① 在实际中，房地产价格变化很多情况是直接与税收等财政政策紧密相连的，而财政政策则可以理解为是对实体经济的直接作用。

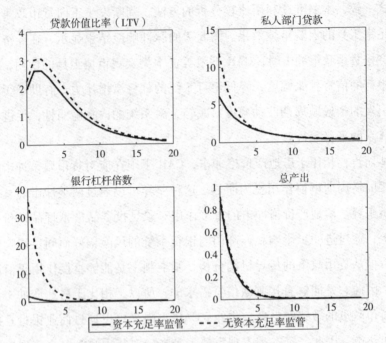

图 8.7　资本充足率下限监管在货币政策正向冲击时的作用效果

8.4　本章小结

本章在全面梳理金融系统内在脆弱性产生根源的基础上，论述了宏观审慎监管政策对抑制金融失衡、稳定金融运行的必要性，并进一步利用动态随机一般均衡模型对中国宏观审慎政策的有效性进行了模拟分析。

首先，本章从金融加速器、金融自由化与金融周期三个维度，全面阐述了金融系统内在不稳定的产生根源。研究表明，金融周期理论是对金融加速器理论与金融自由化理论二者的结合与演进。在金融周期理论中，商业银行的风险偏好与信用创造是理解金融系统不稳定的关键因素。商业银行在金融周期中的作用并不仅仅是"金融加速器"理论中的一个传导工具，银行本身还具有信用货币的创造功能。因此，商业银行的信用行为与自身的风险偏好，会放大金融市场的周期性波动，增加金融系统的内在脆弱性。

其次，本章全面论述了宏观审慎政策对于一国宏观金融稳定的必要性，进而从政策目标、政策工具与政策制度等方面，全面描绘了宏观审慎政策的监管框架。分析发现，金融体系的稳定运行与宏观经济政策的制定有着密不可分的联系。单一的货币政策并不能有效调控信贷增速，防范抵押信贷泡沫所引发的系统性风险。而宏观审慎政策却恰好能够从另一渠道完善宏观经济的调控机制，从而与货币政策形成良好的互补配合，从根源上弥补货币政策在应对金融失衡方面的缺失与不足。

最后，本章结合宏观审慎工具在中国的实际应用情况，以贷款价值比率作为我国信贷类宏观审慎工具的代表，以资本充足率作为我国资本类宏观审慎工具的代表，并将二者引入动态随机一般均衡（DSGE）模型，通过 DSGE 模型的脉冲响应结果，系统分析了中国宏观审慎政策的有效性。分析结果表明，无论是信贷类宏观审慎工具，还是资本类宏观审慎工具，均能够在一定程度上缓解金融资源错配所引发的结构性失衡问题，维护中国金融体系的稳定运行。此外，DSGE 的数值模拟结果显示，中国的宏观审慎工具与货币政策工具呈现明显的互补关系，我国的宏观审慎政策能够有效抑制货币政策的顺周期效应，防范因单一货币政策刺激所引发的系统性金融风险。两种工具的有效配合，能够在保障新常态中国实体经济增长的同时，实现中国金融系统的平稳运行。

第五部分

结　论

第九章

主要结论与政策建议

9.1 本书主要结论

　　景气周期一直是宏观经济学研究中的重要领域。随着宏观经济学主流派别的演进与发展，周期理论的主导研究范式也在不断地更迭与变换。20世纪30年代的大萧条，成就了基于IS－LM分析框架的凯恩斯主义经济周期理论。在凯恩斯周期理论中，宏观经济的实际运行轨迹是由实体经济的短周期波动与中长期趋势共同作用的结果。到了20世纪70年代，石油危机与滞胀现象导致凯恩斯主义备受新古典综合学派的质疑与否定。在理性预期理论蓬勃发展的态势下，真实经济周期理论应运而生。真实经济周期理论秉持的货币中性观点认为，经济产出并不总是围绕其长期趋势上下波动的，形成经济周期的根源在于外生变量的随机冲击，而货币等内生变量是不会打破瓦尔拉斯均衡的。显然，如果将宏观景气研究按照冲击类型区分为外生周期理论与内生周期理论的话，那么凯恩斯经济周期与真实经济周期无疑都属于外生的研究范畴。

　　那内生的宏观周期理论又是什么？答案是本书的研究核心——金融周期理

论。事实上，金融系统的内在脆弱性并不是全新的概念。在新古典真实经济周期理论兴盛的时代，一切货币非中性的观点都被视为宏观经济研究中的非主流理论。然而，2008年的一场国际性金融危机，在刺破虚假繁荣表象的同时，也暴露出宏观经济研究长期忽视金融等内生因素的严重缺陷。基于对危机教训的深刻反思，以探讨宏观经济内生波动为核心的金融周期理论正式诞生。目前，国内外经济学家对金融周期理论的研究方兴未艾，但现有的研究文献并没有对金融周期与一国宏观金融稳定建立起一个完整有效的理论分析框架。对此，本书基于后危机时代中国的经济转型新常态特征，利用理论与实证相结合的方法，在系统测算中国金融周期的基础上，深入剖析了中国金融周期的运行机制，全面阐释了金融周期对中国实体经济增长与宏观金融稳定的具体影响与作用机制，从而为我国政策当局制定中长期宏观经济发展战略提供了研究基础与理论支撑。

本书第二部分界定了金融周期的具体概念，阐释了金融周期的运行机制，分析了中国金融周期的现实含义。金融周期的具体含义为宏观经济中价值风险偏好与金融融资约束二者间的交互增强作用，而这种交互作用在金融自由化环境下会显著放大宏观经济的波动幅度。在界定金融周期概念与特征的基础上，本书结合宏观经济学经典的均衡联立思想，将微观个体的风险偏好纳入商品市场与信贷市场的均衡联立模型，完整阐释了金融周期各个阶段的内在运行机制，有效避免了因缺失微观因素而招致"卢卡斯批判"。研究表明，商业银行的风险偏好在金融周期的运行机制中具有重要的传导作用。商业银行的风险偏好越高，金融周期的波动幅度越大，金融系统的顺周期效应愈加明显。在理论研究基础上，根据单因素滤波分解与一致性协同分析结果，本书利用私人部门信贷总量、信贷/GDP与房地产价格三个指标，系统测算了中期低频范围内的中国金融周期。主成分分析法的降维度量结果表明，中国在2004年至2008年处于"脆弱性繁荣"的金融周期上行阶段；在2009年至今处于"刺激政策消化期"的金融周期下行阶段。此外，中国金融周期波峰与中国遭遇输入型金融冲击的时间相吻合，这意味着，金融周期波峰可以作为中国金融风险的预警指标，这对我国政策当局制定宏观经济政策具有重要的警示意义。

本书第三部分深入剖析了中国金融周期与经济周期的差异成因。为避免对宏观经济思考的单一局限，重蹈真实经济周期理论覆辙，本书在重视对金融研究的同时，也全面考察了货币与实体的影响作用，从而构建完善了统一的"宏观金融"理论框架。本书对中国金融周期与经济周期的特征比较与实证分析结果表明，中国的金融周期与经济周期二者之间存在明显差异。其一，中国金融周期比经济周期的波动幅度更强，周期长度更长。其二，中国金融周期相较于对经济周期存在明显的领先效应。二者这种周期性差异的背后，实质上体现的是中国金融市场与实体经济之间的背离。进而，本书基于货币数量方程，在全面梳理现代信用体系下商业银行货币创造原理与派生机制的基础上，以货币信用创造作为切入视角，通过构建拟合中国经济新常态背景的动态随机一般均衡（DSGE）模型，厘清了中国货币"从哪里来"与"到哪里去"的问题，从而有效阐释了中国金融周期与经济周期的背离原因。理论分析结果表明，在现代信用货币的派生链条中，中央银行只负责提供基础货币，而此后基础货币的派生与信用货币的创造都是由商业银行实现的。具体而言，在现代资产负债表的复式记账法下，商业银行通过发放贷款，派生出等额存款，在扩张其资产负债表的同时，也完成了信用货币的创造过程。本书 DSGE 模型的脉冲响应与方差分解结果表明，我国商业银行的信用供给意愿会改变我国宏观经济中的货币数量，进而影响信用货币在金融市场与实体经济中的具体流向，从而造成我国金融周期与经济周期的背离现象。

本书第四部分系统研究了金融周期对一国宏观金融稳定的影响作用，详尽阐述了中国金融体系宏观审慎监管的必要性。通过对全球主要经济体面板数据的二元离散选择模型（Probit）回归分析，本书归纳总结了金融周期与金融波动对宏观金融稳定的一般性规律。一方面，当金融周期处于正常运行阶段，一国爆发金融危机的可能性较低，金融周期对一国金融系统的稳定性存在积极作用；而当金融周期运行至波峰或波谷附近时，金融危机爆发的概率显著增加，过度繁荣或深度衰退的金融体系对一国金融系统的稳定性都具有明显的负面效应。另一方面，无论金融周期处于何种运行阶段，金融波动程度的上升，都会增加金融危机爆发的概率，金融系统是具有内在脆弱性的。而随着全球金融自由化程度的不断提升，金融周期的震荡幅度显著增强，金融系统的不稳定特征越发明显。在此基础上，本书进一步利用动态随机一般均衡（DSGE）模型，全面考察了宏观审慎政策对于中国金融体系的必要性。结果表明，我国宏观审慎工具与货币政策工具呈现显著的互补关系，宏观审慎政策能够在一定程度上抑制单一货币政策的顺周期效应，缓解金融资源错配所引发的结构性失衡问题，有助于维护我国金融体系的稳定运行。

9.2　政策建议

本书的研究认为，20世纪80年代开始的全球金融自由化演进态势，虽然推动了金融深化发展与金融创新改革，但不断拓展的金融业务与日趋繁杂的金融产品，却扩大了金融周期的震荡幅度，加剧了金融系统的内在脆弱性，增加了系统性金融危机的爆发频率。因此，如何协调金融发展与金融稳定，已经成为各国政策当局必须直面与权衡的问题。与此同时，在后危机时代，中国又正处于经济结构转型的新常态之下，"调结构"与"稳增长"是我国政府当前最重要的经济工作任务。在上述背景下，为了促进中国经济的长期可持续发展、保障中国金融系统的长效稳定运行，基于金融周期的中长期研究视角，本书在此提出下列政策建议：

第一，关注金融市场的繁荣与萧条，警惕资产价格泡沫背后的系统性风险。我国政府应当全面吸取日本泡沫经济与美国次贷危机的经验教训，避免在当前经济结构转型的重要时期，只过分注重短期GDP的增长业绩，而忽视中长期金融市场的结构性失衡。尤其当前我国大中城市房地产价格的泡沫化现象严重，如何避免单一的房价泡沫演变成整个金融系统的过热运行，将是未来一段时期内，我国政府需要运用金融周期视角考量的问题。在金融周期理论中，金融系统的波幅波动是由价值风险偏好与信贷融资约束交互作用产生的。因此，严控银行信用管理，避免信用投放的"风险偏好错配"，应当成为我国政府相关监管部门的首要任务。

第二，持续推进供给侧结构性改革，改变过度依赖投资的单一化经济增长方式。在2008年国际金融危机之前，中国经济的高速增长主要是依靠投资与出口"两驾马车"拉动。而在危机之后，随着全球经济陷入"长期增长停滞"，外需已经无法再给予中国经济增长动力，而受人口红利消失的影响，内需消费也难以在短期内缓解中国经济增长下滑压力。因此近年来，基建投资与房地产投资成为我国经济增长的核心动力。但是，基于金融周期理论，这种资本驱动型增长是难以长期维系的。2016 年我国全年的总信贷资产增长规模为 25 万亿元，但同期的新增 GDP 规模却不到 6 万亿元。显然，超额信贷投资对我国经济增长的效果十分有限，但副作用却十分明显，债务杠杆负担与房地产价格泡沫已经成为当前阻碍我国经济长期发展的两座大山。因此，积极推进供给侧结构性改革，去杠杆补短板，改善我国的经济增长结构，这是我国政府的当务之急。

第三，重视金融过度自由化对金融稳定的弊端，实行渐进有序的金融市场化改革方略。国际金融危机的教训表明，过去 30 年间所累积的金融自由化发展成果，几乎在一夜之间可能被金融危机所吞噬。2015 年 10 月中国人民银行全面放开对金融机构存款利率的上限管制，这标志着我国现在已经基本完成利率市场化改革。那么下一步的金融市场化改革去往何处？随着 2016 年不良资产证券化产品在我国如火如荼地发展，本书认为我国政府有必要警惕与重视金融过度自由化的风险与弊端，实行渐进、有序、可控的金融市场化改革步骤，避免在未来遭遇大规模系统性金融危机的可能。

第四，建立完善统一的金融监管框架，实现宏观审慎监管政策对货币政策的互补配合。为应对我国当前的高额债务负担，防范银行业系统性风险，提升宏观审慎监管政策的逆周期调节作用，作为我国货币当局，中国人民银行自 2016 年起对我国银行业监管体系进行升级改革，将原有的差别准备金动态调整与合意贷款管理制度全面提升为宏观审慎评估体系（Macro Prudential Assessment，MPA），这对促进我国金融体系的稳定运行具有重要的积极作用。但是，这并不意味着我国的金融监管格局已经完善统一。2018 年我国监管当局通过合并银保监会，在一定程度上改善了"一行三会"结构模式下，分业监管独立运作的缺陷。但目前"一行两会"的金融监管框架内，跨部门沟通合作仍有不便，容易引发监管真空地带，出现监管失衡。因此，我国政府有必要进一步完善宏观金融监管框架，建立中国人民银行与其他监管机构的直接对话桥梁，充分利用宏观审慎政策工具与货币政策工具的多重组合，发挥宏观审慎政策对货币政策的互补效应，维护我国金融系统的稳定运行。

第五，正视跨境资本流动的系统性风险，实行灵活有度的多层次资本流动管理方案。在全球金融一体化发展趋势下，跨境资本流动大大增加了跨市场风险传染的概率，导致一国难以在全球金融浪潮中独善其身。因此，维护金融稳定不能仅局限于规避内部的系统性风险。本书对中国金融周期波峰与输入型金融冲击发生时间的研究表明，外部金融风暴同样会对我国金融市场造成了巨大的负面影响。因此，本书建议我国政府实行多层次的资本流动管理方案，在降低数量型资本管制对我国外部财富扭曲效应的同时，加强对短期投资性国际游资的审慎监管，增强我国金融系统抵御风险的能力。

参考文献

［1］陈雨露，马勇，阮卓阳．金融周期和金融波动如何影响经济增长与金融稳定？［J］．金融研究，2016（2）：1-22.

［2］邓创，徐曼．中国的金融周期波动及其宏观经济效应的时变特征研究［J］．数量经济技术经济研究，2014（9）：75-91.

［3］范小云，袁梦怡，肖立晟．理解中国的金融周期：理论、测算与分析［J］．国际金融研究，2017（1）：28-38.

［4］何德旭，娄峰．中国金融安全指数的构建及实证分析［J］．金融评论，2012（5）：1-14，122.

［5］霍德明，刘思甸．中国宏观金融稳定性指标体系研究［J］．山西财经大学学报，2009（10）：15-21.

［6］李斌．存差、金融控制与铸币税——兼对我国"M_2/GDP过高之谜"的再解释［J］．管理世界，2006（3）：29-39，170-171.

［7］李妍．宏观审慎监管与金融稳定［J］．金融研究，2009（8）：52-60.

［8］梁琪，李政，卜林．中国宏观审慎政策工具有效性研究［J］．经济科学，2015（2）：5-17.

［9］马勇，陈雨露．经济开放度与货币政策有效性：微观基础与实证分析［J］．经济研究，2014（3）：35-46.

［10］马勇，冯心悦，田拓．金融周期与经济周期——基于中国的实证研

究 [J]．国际金融研究，2016（10）：3-14．

[11] 马勇，杨栋，陈雨露．信贷扩张、监管错配与金融危机：跨国实证 [J]．经济研究，2009（12）：93-105．

[12] 沈中华．银行危机形成原因探讨 [J]．深圳大学学报（人文社会科学版），2000（1）：74．

[13] 万光彩，于红芳，刘莉．基于金融状况指数的货币政策目标研究 [J]．经济问题探索，2013（2）：26-31．

[14] 王明华，黎志成．金融稳定评估指标体系：银行稳定的宏观成本控制研究 [J]．中国软科学，2005（9）：126-132．

[15] 王雪峰．中国金融稳定状态指数的构建——基于状态空间模型分析 [J]．当代财经，2010（5）：51-60．

[16] 张斌，徐奇渊．汇率与资本项目管制下的人民币国际化 [J]．国际经济评论，2012（4）：63-73，6．

[17] 张健华，贾彦东．宏观审慎政策的理论与实践进展 [J]．金融研究，2012（1）：20-35．

[18] 张晓晶，王宇．金融周期与创新宏观调控新维度 [J]．经济学动态，2016（7）：12-20．

[19] 中国人民银行．2005年中国金融稳定报告 [R]．（2005-11-07）．

[20] 钟伟，沈闻一．银行业净利差的国际比较及对中国的实证分析 [J]．管理世界，2006（9）：26-32．

[21] 周小川．金融政策对金融危机的响应——宏观审慎政策框架的形成背景、内在逻辑和主要内容 [J]．金融研究，2011（1）：1-14．

[22] 周炎，陈昆亭．金融经济周期理论研究动态 [J]．经济学动态，2014（7）：128-138．

[23] Adrian T, Shin H S. Liquidity and leverage [J]. Journal of financial intermediation, 2010, 19（3）：418-437．

[24] Adrian T, Shin H S. Money, Liquidity, and Monetary Policy [J]. The American Economic Review, 2009, 99（2）：600-605．

[25] Adrian T, Shin H S. The Changing Nature of Financial Intermediation and

the Financial Crisis of 2007 - 2009 [J]. Annual Review of Economics, 2010, 2 (1): 603 -618.

[26] Adrian T, Shin H S. The shadow banking system: Implications for financial regulation [R]. Staff Report, Federal Reserve Bank of New York, 2009.

[27] Agénor P R, Canuto O, Jelenic M. Avoiding middle-income growth traps [J]. World Bank-Economic Premise, 2012 (98): 1 -7.

[28] Agénor P R. Public capital, growth and welfare: Analytical foundations for public policy [M]. Princeton University Press, 2012.

[29] Agur I, Demertzis M. Excessive bank risk taking and monetary policy [R]. European Central Bank, 2012.

[30] Albulescu C T. Forecasting the Romanian financial system stability using a stochastic simulation model [J]. Romanian Journal of Economic Forecasting, 2010, 13 (1): 81 -98.

[31] Alessi L, Detken C. "Real time" early warning indicators for costly asset price boom/bust cycles: a role for global liquidity [R]. European Central Bank, 2009.

[32] Aslam A, Santoro E. Bank Lending, Housing and Spreads [R]. University of Copenhagen. Department of Economics, 2008.

[33] Bank for International Settlements. 56th Annual Report: 1985 - 1986 [R]. Basel, 1 July, BIS Annual Report No. 56. 1986.

[34] Bank for International Settlements. 71th Annual Report: 2000 - 2001 [R]. Basel, 9 June, BIS Annual Report No. 71. 2001.

[35] Bank for International Settlements. 80th Annual Report: 2009 - 2010 [R]. Basel, 28 June, BIS Annual Report No. 80. 2010.

[36] Bank for International Settlements. 84th Annual Report: 2013 - 2014 [R]. Basel, 29 June, BIS Annual Report No. 84. 2014.

[37] Bank for International Settlements. 86th Annual Report: 2015 - 2016 [R]. Basel, 26 June, BIS Annual Report No. 86. 2016.

[38] Bank for International Settlements. Macroprudential Policy Tools and

Frameworks Progress Report to G20 ［R］. October 2011.

［39］Bank of Canada, Chant J F. Essays on financial stability ［M］. Bank of Canada, 2003.

［40］Bech M L, Klee E, Stebunovs V. Arbitrage, liquidity and exit: The repo and federal funds markets before, during, and emerging from the financial crisis ［M］. Division of Research & Statistics and Monetary Affairs, Federal Reserve Board, 2012.

［41］Bech M L, Martin A, McAndrews J. Settlement Liquidity and Monetary Policy Implementation-Lessons from the Financial Crisis ［J］. Federal Reserve Bank of New York Economic Policy Review, 2012: 1.

［42］Bech M. FX volume during the financial crisis and now ［J］. BIS Quarterly Review, 2012: 33.

［43］Benetrix A, Lane P. Financial cycles and fiscal cycles ［C］//prepared for EUI-IMF Conference "Fiscal Policy, Stabilization and Sustainability", Florence, 2011.

［44］BERNANKE B E N S. Nonmonetary Effects of the Financial Crisis in the Propagation of the Great Depression ［J］. The American Economic Review, 1983, 73 (3): 257 -276.

［45］Bernanke B S, Blinder A S. Credit, Money, and Aggregate Demand ［J］. The American Economic Review, 1988, 78 (2): 435 -439.

［46］Bernanke B S, Gertler M, Gilchrist S. The financial accelerator in a quantitative business cycle framework ［J］. Handbook of macroeconomics, 1999, 1: 1341 -1393.

［47］Bernanke B S, Gertler M, Gilchrist S. The flight to quality and the financial accelerator ［J］. Review of Economics and Statistics, 1996, 78 (1): 1 -15.

［48］Bernanke B, Gertler M. Agency costs, net worth, and business fluctuations ［J］. The American Economic Review, 1989: 14 -31.

［49］Bezemer D J, Grydaki M, Zhang L. Is financial development bad for growth? ［M］. University of Groningen, Faculty of Economics and Business, 2014.

［50］Borio C, Disyatat P. Global imbalances and the financial crisis: Link or no link? [R]. Bank for International Settlements, 2011.

[51] Borio C, Drehmann M. Assessing the risk of banking crises-revisited [J]. BIS Quarterly Review, 2009: 29.

[52] Borio C, Zhu H. Capital regulation [J]. Risk-Taking and Monetary Policy: A Missing Link in the Transmission Mechanism, Bank for International Settlements, Basle, 2008.

[53] Borio C. Monetary and prudential policies at a crossroads? New challenges in the new century [R]. Bank for International Settlements, 2006.

[54] Borio C. The financial cycle and macroeconomics: What have we learnt? [J]. Journal of Banking & Finance, 2014, 45: 182 – 198.

[55] Borio C. The financial cycle and macroeconomics: What have we learnt? [J]. Journal of Banking & Finance, 2014, 45: 182 – 198.

[56] Borio C. Towards a macroprudential framework for financial supervision and regulation? [J]. CESifo Economic Studies, 2003, 49 (2): 181 – 215.

[57] Brunnermeier M K, Pedersen L H. Market liquidity and funding liquidity [J]. Review of Financial studies, 2009, 22 (6): 2201 – 2238.

[58] Brunnermeier M K. Deciphering the Liquidity and Credit Crunch 2007 – 2008 [J]. Journal of Economic Perspectives, 2009, 23 (1): 77 – 100.

[59] Brunnermeier M K. The fundamental principles of financial regulation [J]. Geneva London: International Center for Monetary and Banking Studies Centre for Economic Policy Research, 2009.

[60] Bry G, Boschan C. Cyclical Analysis of Time Series: Selected Procedures and Computer Programs [J]. NBER Books, 1971.

[61] Bundesbank D. Report on the stability of the German financial system [J]. Monthly Report, 2003, 55 (12): 5 – 51.

[62] Burns A. F. , Mitchell W. C. , 1946. Measuring Business Cycles. NBER, Cambridge.

[63] Calderon C, Kubota M. Gross inflows gone wild: gross capital inflows, credit booms and crises [R]. The World Bank, 2012.

[64] Calomiris C, Powell A. The Argentine Financial System under the Currency Board [J]. Columbia University. Mimeographed, 2001.

[65] Caruana J. Capital flows to the emerging market economies: a perspective on policy challenges [J]. Bank for International Settlements, February, 2011.

[66] Cecchetti S, McCauley R, Tsatsaronis K. Systemic importance: some simple indicators1 [J]. BIS Quarterly Review, 2011: 25.

[67] Cecchetti S, Mohanty M, Zampolli F. The real effects of debt [R]. Bank for International Settlements, 2011.

[68] Christensen I, Dib A. The financial accelerator in an estimated New Keynesian model [J]. Review of Economic Dynamics, 2008, 11 (1): 155 – 178.

[69] Christiano L J, Eichenbaum M. Notes on linear approximations, equilibrium multiplicity and e-learnability in the analysis of the zero lower bound [J]. Manuscript, Northwestern University, 2012.

[70] Christiano L J, Fitzgerald T J. Inflation and Monetary Policy in the Twentieth Century [J]. Economic Perspectives, 2003, 27 (1): 22.

[71] Christiano L J, Fitzgerald T J. The band pass filter [J]. International Economic Review, 2003, 44 (2): 435 – 465.

[72] Christiano L J, Trabandt M, Walentin K. DSGE models for monetary policy analysis [R]. National Bureau of Economic Research, 2010.

[73] Christiano L J, Trabandt M, Walentin K. Introducing financial frictions and unemployment into a small open economy model [J]. Journal of Economic Dynamics and Control, 2011, 35 (12): 1999 – 2041.

[74] Christiano L, Eichenbaum M, Rebelo S. When is the government spending multiplier large? [J]. Journal of Political Economy, 2011, 119 (1): 78 – 121.

[75] Christiano L, Ikeda D. Leverage restrictions in a business cycle model [R]. National Bureau of Economic Research, 2013.

[76] Christiano L, Ilut C L, Motto R, et al. Monetary policy and stock market booms [R]. National Bureau of Economic Research, 2010.

[77] Clement P. The term "macroprudential": origins and evolution1 [J]. BIS

Quarterly Review, 2010: 59.

[78] Cologni A, Manera M. On the economic determinants of oil production: Theoretical analysis and empirical evidence for small exporting countries [J]. Energy Economics, 2014, 44: 68 – 79.

[79] Crockett A. Banking Supervision and Financial Stability [M]. Group of Thirty, 1998.

[80] Crockett A. Marrying the micro-and macro-prudential dimensions of financial stability [J]. BIS speeches, 2000, 21.

[81] Crockett A. Why is financial stability a goal of public policy? [J]. Economic Review-Federal Reserve Bank of Kansas City, 1997, 82 (4): 5.

[82] Crowe C, Dell'Ariccia G, Igan D, et al. Policies for Macrofinancial Stability: managing real estate booms and busts [J]. International Monetary Fund, 2012: 1 – 25.

[83] Cúrdia V, Woodford M. Conventional and unconventional monetary policy [J]. Federal Reserve Bank of St. Louis Review, 2010 (5): 229 – 264.

[84] Dell'Ariccia G, Igan D, Laeven L U C. Credit booms and lending standards: Evidence from the subprime mortgage market [J]. Journal of Money, Credit and Banking, 2012, 44 (2 – 3): 367 – 384.

[85] Dell'Ariccia G, Detragiache E, Rajan R. The real effect of banking crises [J]. Journal of Financial Intermediation, 2008, 17 (1): 89 – 112.

[86] Dell'Ariccia M G, Mauro M P, Faria M A, et al. Reaping the benefits of financial globalization [M]. International Monetary Fund, 2008.

[87] Dixit A K, Stiglitz J E. Monopolistic competition and optimum product diversity [J]. The American Economic Review, 1977, 67 (3): 297 – 308.

[88] Drehmann M, Borio C, Tsatsaronis K. Anchoring Countercyclical Capital Buffers: The Role of Credit Aggregates [J]. International Journal of Central Banking, 2011.

[89] Drehmann M, Borio C, Tsatsaronis K. Characterising the financial cycle: don't lose sight of the medium term! [R]. Bank for International Settlements, 2012.

[90] Duisenberg W F. The contribution of the euro to financial stability [J]. Globalization of Financial Markets and Financial Stability—Challenges for Europe, 2001: 37 −51.

[91] Duisenberg W F. The role of financial markets for economic growth [J]. BIS Review No, 2001, 48.

[92] Duisenberg W. Developments in international financial markets [J]. Frankfurt: European Central Bank, 2001.

[93] Dynan K E. Habit formation in consumer preferences: Evidence from panel data [J]. American Economic Review, 2000: 391 −406.

[94] Edward Shaw. Financial Deepening in Economic Development [M]. New York, Oxford University Press, 1973.

[95] Eggertsson G B, Krugman P. Debt, deleveraging, and the liquidity trap: A Fisher-Minsky-Koo approach [J]. The Quarterly Journal of Economics, 2012, 127 (3): 1469 −1513.

[96] Eichengreen B, Arteta C. Banking crises in emerging markets: risks and red herrings [J]. University of California, Berkeley, mimeo, 2000.

[97] Elsinger H, Lehar A, Summer M. Using market information for banking system risk assessment [J]. 2005.

[98] Ferguson R W. Should financial stability be an explicit central bank objective [J]. Challenges to Central Banking from Globalized Financial Systems, International Monetary Fund, Washington DC, 2003: 208 −223.

[99] Ferguson R W. Understanding financial consolidation [J]. Economic Policy Review, 2002 (5): 209 −213.

[100] Financial Services Authority. FSA Annual Report 2008/09 [R]. 24 Jun 2009.

[101] Frydl M E J. The length and cost of banking crises [M]. International Monetary Fund, 1999.

[102] Galati G, Moessner R. Macroprudential policy-a literature review [J]. Journal of Economic Surveys, 2013, 27 (5): 846 −878.

[103] Gambacorta L. Monetary policy and the risk-taking channel [J]. BIS Quarterly Review, 2009: 43.

[104] Goldstein M, Kaminsky G L, Reinhart C M. Assessing financial vulnerability: an early warning system for emerging markets [M]. Peterson Institute, 2000.

[105] Goodhart C, Hofmann B. Asset prices and the conduct of monetary policy [C] //Sveriges Riksbank and Stockholm School of Economics conference on Asset Markets and Monetary Policy, Stockholm, June. 2000.

[106] Goodhart C, Hofmann B. Asset prices, financial conditions, and the transmission of monetary policy [C] //conference on Asset Prices, Exchange Rates, and Monetary Policy, Stanford University. 2001: 2 – 3.

[107] Goodhart C, Hofmann B. Do asset prices help to predict consumer price inflation? [J]. The Manchester School, 2000, 68 (s1): 122 – 140.

[108] Goodhart C, Hofmann B. Financial variables and the conduct of monetary policy [R]. Sveriges Riksbank Working Paper Series, 2000.

[109] Gorton G B, He P. Bank credit cycles [J]. The Review of Economic Studies, 2008, 75 (4): 1181 – 1214.

[110] Gorton G, He P, Huang L. Monitoring and Manipulation: Asset Prices When Agents are Market-to-Market [R]. Working Paper, 2008.

[111] Hahn L A. Volkswirtschaftliche Theorie des Bankkredits [M]. Mohr, 1924.

[112] Harding D, Pagan A. Dissecting the cycle: a methodological investigation [J]. Journal of monetary economics, 2002, 49 (2): 365 – 381.

[113] Heo U, Kim S. Financial crisis in South Korea: Failure of the government-led development paradigm [J]. Asian Survey, 2000, 40 (3): 492 – 507.

[114] Houben A, Kakes J, Houben P A, et al. Toward a Framework for Safeguarding Financial Stability [C] //IMF Working Paper WP/04/101, International Monetary Fund. 2004.

[115] Iacoviello M, Neri S. Housing market spillovers: evidence from an estimated DSGE model [J]. American Economic Journal: Macroeconomics, 2010,

2 (2): 125 - 164.

[116] Iacoviello M, Neri S. Housing market spillovers: evidence from an estimated DSGE model [J]. American Economic Journal: Macroeconomics, 2010, 2 (2): 125 - 164.

[117] Iacoviello M. Financial business cycles [J]. Review of Economic Dynamics, 2015, 18 (1): 140 - 163.

[118] Iacoviello M. House prices, borrowing constraints, and monetary policy in the business cycle [J]. The American economic review, 2005, 95 (3): 739 - 764.

[119] Iacoviello M. Housing in DSGE Models: Findings and New Directions [J]. Housing Markets in Europe: A Macroeconomic Perspective, 2010: 3.

[120] International Monetary Fund. Annual Report of the Executive Board for the Financial Year Ended April 30, 2010 [R]. Washington DC. 2010.

[121] International Monetary Fund. Annual Report of the Executive Board for the Financial Year Ended April 30, 2012, Working Together to Support Global Recovery [R]. Washington DC. 2012.

[122] International Monetary Fund. Annual Report of the Executive Board for the Financial Year Ended April 30, 2009 [R]. Washington DC. 2009.

[123] International Monetary Fund. Annual Report of the Executive·Board for the Financial Year Ended April 30, 2011, Pursuing Equitable and Balanced Growth [R]. Washington DC. 2011.

[124] International Monetary Fund. Global Financial Stability Report, April 2012: The Quest for Lasting Stability [R]. Washington DC. 2012.

[125] International Monetary Fund. Global Financial Stability Report, Durable Financial Stability: Getting There from Here [R]. Washington DC. 2011.

[126] International Monetary Fund. Global Financial Stability Report, Meeting New Challenges to Stability and Building a Safer System [R]. Washington DC. 2010.

[127] International Monetary Fund. Global Financial Stability Report, Navigating the Financial Challenges Ahead [R]. Washington DC. 2009.

[128] Jakab Z, Kumhof M. Banks are not intermediaries of loanable funds-and

why this matters [R]. Bank of England, 2015.

[129] Jeannine B, Cesaire M, Zhang Y. Macroprudential Rules and Monetary Policy When Financial Frictions Matter [R]. Bank of Canada Working Papers, 2012.

[130] Kaminsky G L, Reinhart C M. Financial crises in Asia and Latin America: Then and now [J]. The American Economic Review, 1998, 88 (2): 444 –448.

[131] Kaminsky G L, Reinhart C M. Financial markets in times of stress [J]. Journal of Development Economics, 2002, 69 (2): 451 –470.

[132] Kaminsky G L, Reinhart C M. The twin crises: the causes of banking and balance-of-payments problems [J]. American economic review, 1999: 473 –500.

[133] Kaminsky G, Lizondo S, Reinhart C M. Leading indicators of currency crises [J]. Staff Papers, 1998, 45 (1): 1 –48.

[134] Kaminsky G, Mati A, Choueiri N. Thirty years of currency crises in Argentina: External shocks or domestic fragility? [R]. National Bureau of Economic Research, 2009.

[135] Kaminsky G, Schmukler S L. Emerging market instability: do sovereign ratings affect country risk and stock returns? [J]. The World Bank Economic Review, 2002, 16 (2): 171 –195.

[136] Kibritçioğlu A. Excessive Risk-Taking, Banking Sector Fragility, and Banking Crises [R]. University of Illinois at Urbana-Champaign, College of Business, 2002.

[137] Kiyotaki N, Moore J. Credit cycles [J]. Journal of political economy, 1997, 105 (2): 211 –248.

[138] Koo R. The world in balance sheet recession: causes, cure, and politics [J]. Real-world economics review, 2011, 58 (12): 19 –37.

[139] Kydland F E, Prescott E C. Time to build and aggregate fluctuations [J]. Econometrica: Journal of the Econometric Society, 1982: 1345 –1370.

[140] Laeven L, Valencia F. Systemic banking crises database [J]. IMF Economic Review, 2013, 61 (2): 225 –270.

[141] Laeven L. Financial liberalization and financing constraints: evidence

from panel data on emerging economies ［M］. World Bank, Financial Sector Strategy and Policy Department, 2000.

［142］Large A. Financial stability: maintaining confidence in a complex world ［J］. Financial Stability Review, 2003: 170 – 174.

［143］Lehar A. Measuring systemic risk: A risk management approach ［J］. Journal of Banking & Finance, 2005, 29 (10): 2577 – 2603.

［144］Levine R, Loayza N, Beck T. Financial intermediation and growth: Causality and causes ［J］. Journal of monetary Economics, 2000, 46 (1): 31 – 77.

［145］Lim C, Columba F, Costa A, et al. Macroprudential policy: What instruments and How to Use Them? Lessons from Country Experiences ［J］. IMF Working Papers (238).

［146］Lucas R E. Econometric policy evaluation: A critique ［C］ //Carnegie-Rochester conference series on public policy. North-Holland, 1976, 1: 19 – 46.

［147］Maliszewski K. Measuring stability of the polish financial system by means of a synthetic index ［C］ //12th International Conference On Finance & Banking: Structural & Regional Impacts of Financial Crises. 2009: 364 – 384.

［148］Maliszewski W. Vietnam: Bayesian Estimation of Output Gap ［M］. International Monetary Fund, 2010.

［149］Mansbridge J, Bohman J, Chambers S, et al. Deliberative Systems: Deliberative Democracy at the Large Scale ［C］ //Cambridge University Press. 2012.

［150］Meh C A, Moran K. The role of bank capital in the propagation of shocks ［J］. Journal of Economic Dynamics and Control, 2010, 34 (3): 555 – 576.

［151］Mendoza E G, Terrones M E. An anatomy of credit booms and their demise ［R］. National Bureau of Economic Research, 2012.

［152］Mendoza E G, Terrones M E. An anatomy of credit booms: evidence from macro aggregates and micro data ［R］. National Bureau of Economic Research, 2008.

［153］Milne A. Bank capital regulation as an incentive mechanism: Implications for portfolio choice ［J］. Journal of Banking & Finance, 2002, 26 (1): 1 – 23.

[154] Minsky H P, Kaufman H. Stabilizing an unstable economy [M]. New York: McGraw-Hill, 2008.

[155] Minsky H P. Financial resources in a fragile financial environment [J]. Challenge, 1975, 18 (3): 6 – 13.

[156] Minsky H P. Global consequences of financial deregulation [M]. Department of Economics, Washington University, 1986.

[157] Minsky H P. Inflation, recession and economic policy [M]. Brighton, Sussex: Wheatsheaf Books, 1982.

[158] Minsky H P. Money and crisis in Schumpeter and Keynes [J]. The Economic Law of Motion of modern Society, Cambridge University press, Cambridge, 1986.

[159] Minsky H P. Reconstituting the United States' Financial Structure: Some Fundamental Issues [R]. Levy Economics Institute, 1992.

[160] Minsky H P. Suggestions for a Cash Flow Oriented Bank Examination [C] //Proceedings of a Conference on Bank Structure and Competition. Chicago: Federal Reserve Bank of Chicago, 1975: 150 – 184.

[161] Minsky H P. The Capitalist Development of the Economy and the Structure of Financial Institutions [R]. Levy Economics Institute, 1992.

[162] Minsky H P. The evolution of financial institutions and the performance of the economy [J]. Journal of Economic Issues, 1986, 20 (2): 345 – 353.

[163] Minsky H P. The financial fragility hypothesis: Capitalist process and the behavior of the economy [J]. Kindleberger CP, Jean-Pierre Laffargue. Financial crisis, 1982, 1: 982.

[164] Minsky H P. The Financial Instability Hypothesis [R]. Levy Economics Institute, 1992.

[165] Mishkin F S, Savastano M A. Monetary policy strategies for Latin America [J]. Journal of Development Economics, 2001, 66 (2): 415 – 444.

[166] Mishkin F S, Schmidt-Hebbel K. One decade of inflation targeting in the world: what do we know and what do we need to know? [R]. National bureau of economic

research, 2001.

[167] Mishkin F S. From monetary targeting to inflation targeting [M]. World Bank Publications, 2001.

[168] Mishkin F S. Global financial instability: framework, events, issues [J]. The Journal of Economic Perspectives, 1999, 13 (4): 3 - 20.

[169] Mishkin F S. International capital movements, financial volatility and financial instability [R]. National Bureau of Economic Research, 1999.

[170] Mishkin F S. Prudential Supervision: Why is it Important and What are the issues? [M] //Prudential Supervision: What Works and What Doesn't. University of Chicago Press, 2001: 1 - 30.

[171] Mishkin F S. The transmission mechanism and the role of asset prices in monetary policy [R]. National bureau of economic research, 2001.

[172] Montoro C, Moreno R. The use of reserve requirements as a policy instrument in Latin Americal [J]. International banking and financial market developments, 2011 (3): 53.

[173] Morris V. Measuring and Forecasting Financial Stability: The Composition of an Aggregate Financial Stability Index for Jamaica [J]. Bank of Jamaica, 2010.

[174] Nelson C. R, Plosser C. I. Trends and random walks in macroeconomic time series: some evidence and implications [J]. Journal of Monetary Economics, 1982 (10): 139 - 162.

[175] Oosterloo S, de Haan J. Central banks and financial stability: a survey [J]. Journal of Financial Stability, 2004, 1 (2): 257 - 273.

[176] Padoa-Schioppa T. Central banks and financial stability: exploring the land in between [J]. The Transformation of the European Financial System, 2003: 269 - 310.

[177] Price R W R, Dang T T. Adjusting Fiscal Balances for Asset Price Cycles [R]. OECD Publishing, 2011.

[178] Rajan R G, Subramanian A. What undermines aid's impact on growth? [R]. National Bureau of Economic Research, 2005.

[179] Rajan R G. Has finance made the world riskier? [J]. European Financial Management, 2006, 12 (4): 499 –533.

[180] Reinhart C M, Rogoff K S. The aftermath of financial crises [R]. National Bureau of Economic Research, 2009.

[181] Reinhart C M, Rogoff K S. This time is different: Eight centuries of financial folly [M]. Princeton University Press, 2009.

[182] Reinhart C M, Rogoff K. This time is different [J]. Eight Centuries of Financial Folly, Princeton University, Princeton and Oxford, 2009.

[183] Rey H. Dilemma not trilemma: the global cycle and monetary policy independence [C] //Proceedings-Economic Policy Symposium-Jackson Hole. Federal Reserve Bank of Kansas City, 2013: 1 –2.

[184] Romer P M. Mathiness in the theory of economic growth [J]. The American Economic Review, 2015, 105 (5): 89 –93.

[185] Ronald I McKinnon. Money and Capital in Economic Development [M]. Washington, D. C. , The Brookings Institution, 1973.

[186] Rotemberg J J. Prices, output, and hours: an empirical analysis based on a sticky price model [J]. Journal of Monetary Economics, 1996, 37 (3): 505 –533.

[187] Schinasi M G J. Defining Financial Stability (EPub) [M]. International Monetary Fund, 2004.

[188] Schularick M, Taylor A M. Credit booms gone bust: monetary policy, leverage cycles and financial crisis, 1870 –2008 [M]. CEPR, 2009.

[189] Schumpeter J A. History of economic analysis [M]. Psychology Press, 1954.

[190] Segoviano M A, Goodhart C. Banking stability measures [R]. London School of Economics and Political Science, LSE Library, 2009.

[191] Taylor J B. Discretion versus policy rules in practice [C] //Carnegie-Rochester conference series on public policy. North-Holland, 1993, 39: 195 –214.

[192] Tobin J. Keynesian models of recession and depression [J]. The

American Economic Review, 1975, 65 (2): 195 –202.

[193] Tovar Mora C E, Garcia-Escribano M, Vera Martin M. Credit growth and the effectiveness of reserve requirements and other macroprudential instruments in Latin America [J]. 2012.

[194] Van den End J W, Tabbae M. Measuring financial stability: Applying the MfRisk model to the Netherlands [R]. Netherlands Central Bank, Research Department, 2005.

[195] Van den Heuvel S J. Does bank capital matter for monetary transmission? [J]. Economic Policy Review, 2002, 8 (1): 259 –265.

[196] Van den Heuvel S J. The bank capital channel of monetary policy [J]. The Wharton School, University of Pennsylvania, mimeo, 2002: 2013 –2014.

[197] Van den Heuvel S J. The welfare cost of bank capital requirements [J]. Journal of Monetary Economics, 2008, 55 (2): 298 –320.

[198] Van den Heuvel S J. The welfare cost of bank capital requirements [J]. Journal of Monetary Economics, 2008, 55 (2): 298 –320.

[199] Von Mises L. Theorie des Geldes und der Umlaufsmittel (PDF Ausg.) [J]. München und Leipzig: Verlag von Duncker & Humblot, 1912.

[200] Wellink N. Central banks as guardians of financial stability [J]. speech to the Central Bank of Aruba, De Nederlandsche Bank, November, 2002, 14.

[201] Wickens M. Macroeconomic theory: a dynamic general equilibrium approach [M]. Princeton University Press, 2012.

[202] Wicksell K. Geldzins und Güterpreise: eine Studie über die den Tauschwert des Geldes bestimmenden Ursachen [M]. G. Fischer, 1898.

[203] Woodford M. Interest and prices: foundations of a theory of monetary policy [M]. Princeton University Press, 2003.